# essentials

*essentials* liefern aktuelles Wissen in konzentrierter Form. Die Essenz dessen, worauf es als „State-of-the-Art" in der gegenwärtigen Fachdiskussion oder in der Praxis ankommt. *essentials* informieren schnell, unkompliziert und verständlich

- als Einführung in ein aktuelles Thema aus Ihrem Fachgebiet
- als Einstieg in ein für Sie noch unbekanntes Themenfeld
- als Einblick, um zum Thema mitreden zu können

Die Bücher in elektronischer und gedruckter Form bringen das Expertenwissen von Springer-Fachautoren kompakt zur Darstellung. Sie sind besonders für die Nutzung als eBook auf Tablet-PCs, eBook-Readern und Smartphones geeignet. *essentials:* Wissensbausteine aus den Wirtschafts-, Sozial- und Geisteswissenschaften, aus Technik und Naturwissenschaften sowie aus Medizin, Psychologie und Gesundheitsberufen. Von renommierten Autoren aller Springer-Verlagsmarken.

Weitere Bände in der Reihe http://www.springer.com/series/13088

Clemens Engelhardt

# Gesellschaftsrecht

## Grundlagen und Strukturen

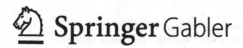

Clemens Engelhardt
München, Deutschland

ISSN 2197-6708             ISSN 2197-6716   (electronic)
essentials
ISBN 978-3-658-20060-2       ISBN 978-3-658-20061-9   (eBook)
https://doi.org/10.1007/978-3-658-20061-9

Die Deutsche Nationalbibliothek verzeichnet diese Publikation in der Deutschen Nationalbibliografie; detaillierte bibliografische Daten sind im Internet über http://dnb.d-nb.de abrufbar.

Springer Gabler

Gedruckt auf säurefreiem und chlorfrei gebleichtem Papier

Springer Gabler ist Teil von Springer Nature
Die eingetragene Gesellschaft ist Springer Fachmedien Wiesbaden GmbH
Die Anschrift der Gesellschaft ist: Abraham-Lincoln-Str. 46, 65189 Wiesbaden, Germany

# Was Sie in diesem *essential* finden können

- Eine Erläuterung der gängigen Gesellschaftsformen in Deutschland (AG, GmbH, GmbH & Co. KG etc.)
- Eine Darstellung der üblichen Beteiligten und der Gründungsschritte
- Besonderheiten jeder Gesellschaftsform im Kauf bzw. Verkauf (M&A, Mergers & Acquisitions)
- Einen Einblick in die Führung der jeweiligen Gesellschaft (Corporate Governance)
- Einen Überblick über die üblichen Regelungen in einem Gesellschaftsvertrag
- Eine tabellarische Übersicht über die wesentlichen Merkmale der gängigen Gesellschaften

# Vorwort

Kaum ein Unternehmer ist heutzutage als Einzelperson tätig, einmal abgesehen von Kleinstunternehmen, wie dem beispielhaften Kiosk.

Nahezu jede wesentliche wirtschaftliche Betätigung in Deutschland wird in Form einer Gesellschaft ausgeführt, beispielsweise als GmbH, BGB-Gesellschaft etc. Dabei bestehen grundsätzlich drei Hauptbeweggründe für das Gründen einer Gesellschaft: Bündelung von unternehmerischen Fähigkeiten mehrerer Personen, Abschirmung gegen Haftung und Insolvenz (z. B. GmbH) und diverse steuerrechtliche Unterschiede zwischen den einzelnen Rechtsformen. Wichtig ist für jeden Unternehmer, dass die Grundzüge der genutzten oder beabsichtigten Gesellschaft beherrscht werden: wer handelt, wer trägt Verantwortung, wer haftet für Verbindlichkeiten und in welcher Höhe.

Hierzu bietet dieses *essential* einen Überblick über die gängigen Rechtsformen in Deutschland und vermittelt die notwendigen Basiskenntnisse für eine erfolgreiche Unternehmensführung.

München                                                        Dr. Clemens Engelhardt
im Oktober 2017

# Einleitung

Wen betrifft das Gesellschaftsrecht, und wer sind die handelnden Personen, die sog. Stakeholder? Haftet ein Prokurist, und warum findet man heutzutage den Posten des Generaldirektors nicht mehr? Wer hat Stimmrecht in der Gesellschafterversammlung, und welche Mehrheit gilt?

Dieses *essential* gibt einen kompakten, auf das wirtschaftliche Handeln im Mittelstand fokussierten Überblick über die wesentlichen Fragen rund um das Thema Gesellschaftsrecht. Jede gängige Rechtsform wird kurz dargestellt in puncto Gründung (Ablauf und Beteiligte), Geschäftsführung, Prokura und Vertretung sowie Kauf und Verkauf (M&A – Mergers & Acquisitions) bis hin zu Liquidation oder Insolvenz.

Abgerundet wird dieses *essential* durch eine Darstellung der wesentlichen Inhalte eines Gesellschaftsvertrages nebst Erläuterungen zu den Kernpunkten.

Dieses *essential* richtet sich an Unternehmer und Entscheider, die mit dem Bereich Gesellschaftsrecht in Berührung kommen. Zudem dient es Studierenden zur Erlangung des erforderlichen Basiswissens.

Über Fragen oder Anregungen zu diesem Buch freut sich der Autor Dr. Clemens Engelhardt (Rechtsanwalt und Hochschullehrer für Wirtschaftsrecht an der FOM Hochschule für Oekonomie und Management) jederzeit unter clemens.engelhardt@trustberg.com.

# Inhaltsverzeichnis

**1 Sinn und Nutzen von Gesellschaften** ........................... 1

1.1 Bündelung gemeinsamer wirtschaftlicher Betätigung ........... 1

1.2 Haftungsabschirmung und Insolvenzabsicherung .............. 2

1.3 Steuerliche Gründe. ...................................... 2

**2 Grundsätzliche Begriffe im Gesellschaftsrecht** .................. 3

2.1 Firma, Unternehmen und Unternehmensträger ................ 3

2.1.1 Firma .......................................... 3

2.1.2 Unternehmen .................................... 4

2.1.3 Unternehmensträger. ............................. 4

2.2 Natürliche und juristische Personen. ....................... 4

2.2.1 Natürliche Personen. ............................. 4

2.2.2 Juristische Personen. ............................. 5

2.3 Personen(handels)gesellschaften und Kapitalgesellschaften ....... 6

2.3.1 Personengesellschaften .......................... 6

2.3.2 Personenhandelsgesellschaften ................... 8

2.3.2.1 Offene Handelsgesellschaft (OHG) .......... 8

2.3.2.2 Kommanditgesellschaft. .................. 8

2.3.2.3 GmbH & Co. KG ...................... 9

2.3.3 Kapitalgesellschaften. ........................... 11

2.4 Geschäftsführung. ....................................... 12

2.5 Vertretung. ............................................ 12

2.5.1 Arten der Vertretungsmacht ....................... 13

2.6 Joint Venture und Special Purpose Vehicle (SPV) .............. 13

2.6.1 Joint-Venture-Gesellschaften ...................... 13

2.6.2 Special Purpose Vehicle (SPV) .................... 13

2.6.3 Vorratsgesellschaft bzw. Mantelgesellschaft ........... 14

**3  Einzelne Gesellschaften im Überblick**. . . . . . . . . . . . . . . . . . . . . . . .    15
   3.1  BGB-Gesellschaft (GbR). . . . . . . . . . . . . . . . . . . . . . . . . . . . .    15
       3.1.1  Gründung, Gesellschaftsvertrag. . . . . . . . . . . . . . . . . . . . .    15
       3.1.2  Außen-GbR und Innen-GbR . . . . . . . . . . . . . . . . . . . . . . .    16
       3.1.3  Rechtsfähigkeit der BGB-Gesellschaft . . . . . . . . . . . . . . .    17
       3.1.4  Kapital und Gesellschafter/Organe . . . . . . . . . . . . . . . . . .    17
             3.1.4.1  Kapital und Gesellschafter . . . . . . . . . . . . . . . .    17
             3.1.4.2  Organe und Vertretung . . . . . . . . . . . . . . . . . . .    17
       3.1.5  Haftung der Gesellschaft und der Gesellschafter. . . . . . . . .    18
       3.1.6  Verkauf/Insolvenz/Liquidation. . . . . . . . . . . . . . . . . . . . . .    19
             3.1.6.1  Verkauf . . . . . . . . . . . . . . . . . . . . . . . . . . . . . .    19
             3.1.6.2  Insolvenz. . . . . . . . . . . . . . . . . . . . . . . . . . . . . .    19
             3.1.6.3  Kündigung, Liquidation und Insolvenz. . . . . . . .    19
   3.2  OHG und KG. . . . . . . . . . . . . . . . . . . . . . . . . . . . . . . . . . . . . .    20
       3.2.1  Gründung und Gesellschaftsvertrag. . . . . . . . . . . . . . . . . .    20
       3.2.2  Kapital und Aktionäre/Organe . . . . . . . . . . . . . . . . . . . . . .    21
             3.2.2.1  Gesellschafter, Kapital und Haftung
                      in der OHG . . . . . . . . . . . . . . . . . . . . . . . . . . .    21
             3.2.2.2  Gesellschafter, Kapital und Haftung
                      in der KG. . . . . . . . . . . . . . . . . . . . . . . . . . . . .    21
       3.2.3  Corporate Governance – Führung und Vertretung . . . . . . . .    24
       3.2.4  Verkauf. . . . . . . . . . . . . . . . . . . . . . . . . . . . . . . . . . . . . . .    24
       3.2.5  Kündigung, Liquidation und Insolvenz . . . . . . . . . . . . . . . .    26
   3.3  GmbH. . . . . . . . . . . . . . . . . . . . . . . . . . . . . . . . . . . . . . . . . . . .    26
       3.3.1  Die juristische Person. . . . . . . . . . . . . . . . . . . . . . . . . . . . .    26
       3.3.2  Kapitalgesellschaft. . . . . . . . . . . . . . . . . . . . . . . . . . . . . . .    27
       3.3.3  Gründung . . . . . . . . . . . . . . . . . . . . . . . . . . . . . . . . . . . . .    27
       3.3.4  Kapital und Gesellschafter/Organe . . . . . . . . . . . . . . . . . .    28
             3.3.4.1  Stammkapital der GmbH . . . . . . . . . . . . . . . . .    28
             3.3.4.2  Organe der GmbH. . . . . . . . . . . . . . . . . . . . . .    28
       3.3.5  Corporate Governance – Führung und Vertretung . . . . . . . .    29
       3.3.6  Verkauf/Liquidation . . . . . . . . . . . . . . . . . . . . . . . . . . . . . .    30
             3.3.6.1  Notarielle Beurkundung bei
                      Anteilsveräußerungen . . . . . . . . . . . . . . . . . . .    30
             3.3.6.2  Kündigung, Liquidation und Insolvenz. . . . . . . .    31
   3.4  GmbH & Co. KG. . . . . . . . . . . . . . . . . . . . . . . . . . . . . . . . . . . .    31
       3.4.1  Gründung . . . . . . . . . . . . . . . . . . . . . . . . . . . . . . . . . . . . .    32
       3.4.2  Kapital und Gesellschafter/Organe . . . . . . . . . . . . . . . . . .    32

       3.4.3     Corporate Governance – Führung und Vertretung . . . . . . . . 33

       3.4.4     Verkauf/Liquidation und Insolvenz . . . . . . . . . . . . . . . . . 34

            3.4.4.1    Veräußerung der GmbH & Co. KG. . . . . . . . . . . 34

            3.4.4.2    Kündigung, Liquidation und Insolvenz. . . . . . . . 34

3.5   Aktiengesellschaft und SE. . . . . . . . . . . . . . . . . . . . . . . . . . . . . 34

       3.5.1     Aktiengesellschaft als Publikumsgesellschaft . . . . . . . . . . . 35

       3.5.2     Gründung. . . . . . . . . . . . . . . . . . . . . . . . . . . . . . . . . . . . 35

       3.5.3     Kapital und Aktionäre/Organe . . . . . . . . . . . . . . . . . . . . 36

            3.5.3.1    Kapital der AG – Grundkapital . . . . . . . . . . . . . 36

            3.5.3.2    Organe der AG. . . . . . . . . . . . . . . . . . . . . . . . . 36

       3.5.4     Corporate Governance – Führung und Vertretung . . . . . . . . 36

       3.5.5     Verkauf/Liquidation und Insolvenz . . . . . . . . . . . . . . . . . 39

            3.5.5.1    Verkauf von Aktien und Börsenhandel . . . . . . . . 39

            3.5.5.2    Kündigung, Liquidation und Insolvenz. . . . . . . . 39

3.6   Stiftung. . . . . . . . . . . . . . . . . . . . . . . . . . . . . . . . . . . . . . . . . . 40

       3.6.1     Sinn und Zweck, Gründung. . . . . . . . . . . . . . . . . . . . . . 40

            3.6.1.1    Sinn und Zweck . . . . . . . . . . . . . . . . . . . . . . . 40

            3.6.1.2    Gründung . . . . . . . . . . . . . . . . . . . . . . . . . . . . 41

       3.6.2     Stiftungsvermögen und Organe . . . . . . . . . . . . . . . . . . . . 42

       3.6.3     Corporate Governance – Führung und Vertretung . . . . . . . . 42

       3.6.4     Verkauf/Liquidation/Insolvenz. . . . . . . . . . . . . . . . . . . . 43

**4   Der Gesellschaftsvertrag** . . . . . . . . . . . . . . . . . . . . . . . . . . . . . 45

4.1   Gliederung des Gesellschaftsvertrages . . . . . . . . . . . . . . . . . . . 45

4.2   Erläuterungen zu den einzelnen Regelungen des
Gesellschaftsvertrages . . . . . . . . . . . . . . . . . . . . . . . . . . . . . . 46

       4.2.1     Präambel. . . . . . . . . . . . . . . . . . . . . . . . . . . . . . . . . . . 46

       4.2.2     Firma, Gegenstand der Gesellschaft/
Unternehmensgegenstand . . . . . . . . . . . . . . . . . . . . . . . . 46

       4.2.3     Sitz, Dauer, Geschäftsjahr . . . . . . . . . . . . . . . . . . . . . . . 47

       4.2.4     Organe der Gesellschaft. . . . . . . . . . . . . . . . . . . . . . . . . 47

       4.2.5     Kapital, Einlagen, Gesellschafter. . . . . . . . . . . . . . . . . . . 47

       4.2.6     Geschäftsführung und Vertretung. . . . . . . . . . . . . . . . . . . 48

       4.2.7     Gesellschafterversammlungen, Beschlussfassung
und Mehrheiten . . . . . . . . . . . . . . . . . . . . . . . . . . . . . . 48

       4.2.8     Gewinne und Verluste der Gesellschaft
und deren Verwendung. . . . . . . . . . . . . . . . . . . . . . . . . . 48

       4.2.9     Übertragung von Anteilen und Belastung
von Anteilen. . . . . . . . . . . . . . . . . . . . . . . . . . . . . . . . . 49

          4.2.10   Kündigung, Erbfall und Einziehung von Anteilen. . . . . . . .   49
          4.2.11   Abfindung. . . . . . . . . . . . . . . . . . . . . . . . . . . . . . . . . . . .   50
          4.2.12   Wettbewerbsverbot. . . . . . . . . . . . . . . . . . . . . . . . . . . . .   50
          4.2.13   Streitbeilegung . . . . . . . . . . . . . . . . . . . . . . . . . . . . . . .   51
          4.2.14   Beirat, Aufsichtsrat, Investment Committee . . . . . . . . . . .   51
          4.2.15   Verschiedenes. . . . . . . . . . . . . . . . . . . . . . . . . . . . . . . .   51
          4.2.16   Schlussbestimmungen . . . . . . . . . . . . . . . . . . . . . . . . . .   51

5    Übersicht zu Kapital und Haftung . . . . . . . . . . . . . . . . . . . . . . . . .   53

Literatur. . . . . . . . . . . . . . . . . . . . . . . . . . . . . . . . . . . . . . . . . . . . . . . .   57

# Sinn und Nutzen von Gesellschaften

1

**Wofür werden unterschiedliche Gesellschaftsformen benötigt?**
Wer sich mit den Grundzügen des Gesellschaftsrechtes befasst, sollte zunächst
wissen, warum überhaupt in Gesellschaften gedacht wird. Wozu dienen Gesellschaften und warum gibt es verschiedene Arten? Was unterscheidet die Ebenen
Gesellschaft und Gesellschafter?

## 1.1 Bündelung gemeinsamer wirtschaftlicher Betätigung

Der wohl einfachste und jedem einleuchtende Anwendungsfall ist die Bündelung
wirtschaftlicher Interessen zumindest zweier Personen in einer Gesellschaft. Der
Gedanke fußt auf der Erkenntnis, dass gemeinsam leichter mehr erreicht werden
kann als alleine. Bereits in den frühen Hochkulturen war dies bei der Begründung
von militärisch-politischen Allianzen bekannt.

Im beginnenden städtischen Wirtschaftsleben zeigte sich das Phänomen, mas-
siv natürlich erst im Zuge von Renaissance, Aufklärung und verfassungsrechtli-
chen Gewährung von Eigentumsgarantien etc. Bereits vor der Industrialisierung
bildeten sich beispielsweise bei Ackerbauern eines Ortes gemeinsame Lager für
den Winter. Im Zuge der Industrialisierung wurde dann rasch die Notwendig-
keit der Koordination der Produktionsfaktoren und des Kapitals deutlich, und es
reichte der Familienverbund als Ursprungsform nicht mehr aus – mangels geeig-
neter Mitglieder der Familie und mangels Regelungen des Miteinanders.

Die Bündelung wirtschaftlicher Interessen mehrerer Personen bedarf nicht nur
einer Plattform, sondern auch interner Regelungen über die Zusammenarbeit und
die Verteilung der Früchte (Gewinn und Verlust).

© Springer Fachmedien Wiesbaden GmbH 2018
C. Engelhardt, *Gesellschaftsrecht*, essentials,
https://doi.org/10.1007/978-3-658-20061-9_1

## 1.2     Haftungsabschirmung und Insolvenzabsicherung

Eine heutzutage wichtige Motivation für die Nutzung einer Gesellschaft ist die
Abschirmung vor Haftung der Gesellschafter (oder der anderen Konzerngesell-
schaften) für Verbindlichkeiten einer Gesellschaft.

Bei den unterschiedlichen Gesellschaftsformen haften die Gesellschafter
unterschiedlich für die Verbindlichkeiten – sprich: Schulden – der Gesellschaft.
Beispielsweise haftet ein GmbH-Gesellschafter, der seine Stammeinlage aufgebracht und auch nicht zurückerhalten hat, selbst nicht mehr für die Gesellschafts-
verbindlichkeiten; die Schulden der GmbH muss diese selbst begleichen aus dem
ihr zustehenden Gesellschaftsvermögen. Daher steht GmbH bereits begrifflich für
Gesellschaft mit beschränkter Haftung – dem Gläubiger steht nur das Vermögen
der GmbH zur Verfügung als Haftungsmasse und in der Regel eben nicht das Vermögen des oder der Gesellschafter. Bei der GmbH haftet also kein Unternehmer
„mit seinem guten Namen und seinem Privatvermögen".

Konsequent weitergedacht stellt sich beispielsweise bei mehreren von einer
Person gleichzeitig betriebenen unterschiedlichen Unternehmen oder Projekten
stets die Frage, ob diese nicht jeweils in einer Gesellschaft betrieben werden sollten. Nennt man z. B. zwei Unternehmen sein Eigen, sollten diese auch rechtlich
so voneinander getrennt sein, dass im Falle der Krise eines der beiden Unternehmen nicht automatisch auch das andere Unternehmen betroffen ist. Wenn der
Unternehmer beispielsweise in seiner A-GmbH einen Insolvenzantrag stellen
muss, betrifft dies nicht zwingend auch seine Unternehmen in seiner B-GmbH
und C-GmbH. Würde der Unternehmer alle Unternehmen unter einem rechtlichen
„Dach" führen, würden mögliche Verluste eines Unternehmensbereiches sich
ungehindert auch auf die anderen Unternehmensbereiche auswirken.

## 1.3     Steuerliche Gründe

Nicht zuletzt können es steuerliche Unterschiede zwischen den möglichen For-
men wirtschaftlicher Betätigung sein, die aus Sicht des Unternehmers die Wahl
einer bestimmten Gesellschaftsform als attraktiv für das beabsichtigte oder
bereites betriebene Unternehmen erscheinen lassen. Beispielsweise sind Personengesellschaften bzw. Personenhandelsgesellschaften steuerlich transparent,
wohingegen die Kapitalgesellschaften als juristische Personen selbst Steuersub-
jekte sind. Dies kann sich insbesondere auf Ebene der Gewinnbesteuerung im
mehrstufigen Konzern erheblich auswirken.

# Grundsätzliche Begriffe im Gesellschaftsrecht

**2**

**Firma, Unternehmen, Geschäftsführung und Vertretung – hier muss Klarheit herrschen**
Der allgemeine Sprachgebrauch weicht vielfach von den korrekten rechtlichen Begriffen ab. Daher wird in diesem Kapitel knapp erläutert, was sich hinter den einzelnen Bezeichnungen verbirgt.

## 2.1 Firma, Unternehmen und Unternehmensträger

### 2.1.1 Firma

„Heut bleibe ich länger in der Firma" oder ähnliche Sätze hat jeder bereits gehört oder selbst benutzt. Tatsächlich ist die Firma im rechtlichen Sinne aber nicht das Unternehmen. Vielmehr ist die Firma nur der Name des Unternehmens, der entsprechend der firmenrechtlichen Vorschriften im HGB (§ 17 ff. HGB) im Handelsregister eingetragen ist.

Die Firma der Siemens AG lautet „Siemens Aktiengesellschaft". Nicht mehr und nicht weniger. Durch die Vorschriften über den Schutz der Firma und deren Eindeutigkeit und Klarheit wird sichergestellt, dass es beispielsweise in München nicht zwei Unternehmen sich den Namen „Siemens AG" geben und es hierzu zu Verwechslungen oder gar Wettbewerbsverzerrungen kommen kann. Dies war übrigens bereits vor Inkrafttreten des heutigen HGB am 1. Januar 1900 so. Gleichwohl hat sich der allgemeine Sprachgebrauch anders entwickelt, und es wird von der Firma (statt Unternehmen) und Firmenkauf (statt Unternehmenskauf) etc. gesprochen. Unternehmen trennen ihre Kunden heutzutage häufig in Firmenkunden und Privatkunden etc. In Österreich heißt das Handelsregister übrigens Firmenbuch.

© Springer Fachmedien Wiesbaden GmbH 2018
C. Engelhardt, *Gesellschaftsrecht*, essentials,
https://doi.org/10.1007/978-3-658-20061-9_2

▶ Die Firma ist nur der Name des Unternehmens (Kaufmanns), der im Handelsregister eingetragen ist und unter dem die Geschäfte betrieben werden. Das Unternehmen „firmiert" unter dem Namen.

### 2.1.2  Unternehmen

Das Unternehmen ist dagegen die Gesamtheit aller materiellen und immateriellen Rechtsgüter und Werte, die in einer Organisation zusammengefasst sind und einem einheitlichen wirtschaftlichen Zweck dienen. Das Unternehmen ist also das, was landläufig fehlerhaft unter Firma verstanden wird. Das Unternehmen umfasst die Mitarbeiter, Produktionsmittel, Aktiva und Passiva, Räumlichkeiten etc.

▶ Das Unternehmen bilden sämtliche materiellen und immateriellen Wirtschaftsgüter bzw. Rechtsgüter, die unter einheitlicher Zweckrichtung in einer einheitlichen Organisation zusammengefasst sind.

### 2.1.3  Unternehmensträger

Der Unternehmensträger ist derjenige, welcher das Unternehmen (unter einer Firma) betreibt, also der Inhaber. Unternehmensträger können neben Menschen als natürliche Personen auch Gesellschaften, wie Personen(handels)gesellschaften, und juristische Personen, wie Kapitalgesellschaften sowie Vereine und Stiftungen sein.

Abb. 2.1 zeigt die Unterscheidung von Unternehmen und Unternehmensträger.

## 2.2  Natürliche und juristische Personen

### 2.2.1  Natürliche Personen

Natürliche Personen sind Menschen. Juristische Personen sind im Wesentlichen Kapitalgesellschaften (GmbH, AG, SE), Stiftungen und Vereine. Doch wozu dient diese Unterscheidung?

Dem Grunde nach richtet sich unser Zivilrecht (Vertragsrecht, Kaufrecht, Werkvertragsrecht, Familienrecht, Erbrecht etc.) an Menschen, die sogenannten natürlichen Personen. Menschen sind Inhaber von Rechten und Träger von

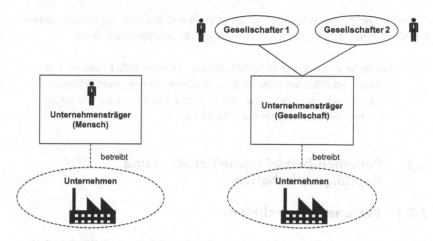

**Abb. 2.1** Unternehmen und Unternehmensträger

Pflichten. Menschen können Rechte erwerben (z. B. Eigentum) und Pflichten auferlegt bekommen (z. B. durch Vertrag – Zahlung des Kaufpreises beim Kaufvertrag). Diese grundsätzliche Ausrichtung des Gesetzgebers hat nicht nur historische Gründe, sondern ist auch im Zusammenhang mit der Entwicklung der heutigen Gesellschaft und ihres Menschenbildes seit der Aufklärung zu sehen. Der Mensch steht auch im BGB im Mittelpunkt.

Diese Fokussierung auf den Menschen bedurfte aber rasch einer Ergänzung und Anpassung an die sich entwickelnde Wirtschaft und deren Belange. Menschen taten sich unternehmerisch zusammen (z. B. ein Geldgeber und ein Erfinder) und dies musste wirtschaftsrechtlich und privatrechtlich ebenfalls Niederschlag finden.

## 2.2.2 Juristische Personen

Da man aber Unternehmen bereits philosophisch betrachtet keine Menschenrechte zubilligen kann und zugleich keine vollständige Reform der mühsam erreichten Entwicklungen im Zivilrecht (z. B. ein eigener Zivil-Kodex nur für Gesellschaften) wollte, wurde die Konstruktion der juristischen Person erfunden.

Juristische Personen sind den natürlichen Personen im Wirtschaftsverkehr gleichgestellt. Sie können selbst Träger von Rechten und Pflichten sein und können Eigentum erwerben und Verträge eingehen etc. Damit gilt beispielsweise das BGB in weiten Teilen auch für juristische Personen.

Juristische Personen sind neben dem Verein und der Stiftung insbesondere die GmbH und die Aktiengesellschaft (beides sog. Kapitalgesellschaften).

▶   Juristische Personen (z. B. GmbH, AG etc.) können selbst Inhaber von
    Rechten und Pflichten sein. Sie können aber keinen eigenen Willen bil-
    den und auch nicht selbst handeln. Hierfür benötigen sie wiederum
    Menschen, Geschäftsführer oder Vorstände etc.

## 2.3    Personen(handels)gesellschaften und Kapitalgesellschaften

### 2.3.1   Personengesellschaften

Die bekannteste Personengesellschaft ist die GbR bzw. BGB-Gesellschaft. Sie verdankt ihre Bezeichnung dem Umstand, dass sie im BGB geregelt ist (§§ 705 ff. BGB). Spannend ist die BGB-Gesellschaft, weil sie wohl als die Grundform des Personengesellschaftsrechtes bezeichnet werden kann, ohne schriftlichen Gesellschaftsvertrag auskommt und sogar ohne ausdrücklich formulierten Willen der Gesellschafter entstehen kann.

Die BGB-Gesellschaft besteht aus zumindest zwei Gesellschaftern (natürliche oder juristische Personen), die einen gemeinsamen Zweck verfolgen und bei denen jeder Gesellschafter einen Beitrag zum Erreichen dieses Zweckes zu erbringen verpflichtet ist.

Der Gesetzgeber des BGB hat bewusst die Hürden für das Entstehen einer BGB-Gesellschaft gering gehalten, um bestimmte Fallkonstellationen regeln zu können, bei denen auch ohne ein Erkennen der Gesellschafter eine Gesellschaft entstanden ist. Berühmte Beispiele sind hier die Fahrgemeinschaft oder die Lotto-Tippgemeinschaft.

Die BGB-Gesellschaft ist auf eine kleinere Anzahl von Gesellschaftern ausgelegt. Ihre Grundform sieht vor, dass jeder Gesellschafter zur Führung der Geschäfte berechtigt ist und dass stets bei Abstimmungen der Gesellschaft Einstimmigkeit erzielt werden muss. Sie ist also sehr auf die Gesellschafter selbst fokussiert, auf die Personen. Statistisch erfasst sind derzeit in Deutschland ca. 200.000 BGB-Gesellschaften im Vergleich zu 560.000 Kapitalgesellschaften in der Gesamtheit erfasster Unternehmen von ca. 3,26 Mio. einschließlich Einzelunternehmer (Statistisches Bundesamt 2014).

▶   BGB-Gesellschaften, auch GbR genannt, sind grundsätzlich für einen
    überschaubaren Kreis an Gesellschaftern aus natürlichen und/oder
    juristischen Personen gedacht.

Weitere relevante Personengesellschaften sind die Partnerschaftsgesellschaft für
bestimmte Berufsgruppen (z. B. Rechtsanwälte) und die sog. stille Gesellschaft.
Die EWIV (Europäische Wirtschafts- und Interessenvereinigung) und die Parten-
reederei sind im Wirtschaftsleben weniger bedeutsam.

Personengesellschaften sind zumindest teilrechtsfähig. Sie können in
bestimmten Bereichen des Wirtschaftslebens Träger von Rechten und Pflichten sein, sind aber den Personenhandelsgesellschaften und juristischen Personen
noch nicht vollkommen gleichgestellt; hier ist aber die Rechtsprechung und Lehre
im Fluss und eine weitgehende Gleichstellung der wirtschaftlich tätigen BGB-
Gesellschaft mit einer Personenhandelsgesellschaft ist abzusehen.

Im Bau insbesondere von Straßen und Autobahnen bildet man häufig aus ver-
schiedenen Bauunternehmen sog. ARGEs (Arbeitsgemeinschaften), die ebenfalls BGB-Gesellschaften sind. Gleiches gilt für Kooperationen oder Konsortien
(sofern nicht bewusst in einer anderen Rechtsform gegründet – häufig GmbH &
Co. KG).

BGB-Gesellschaften sind nicht in das Handelsregister eingetragen und führen
auch keine Firma, sondern lediglich eine Bezeichnung. Die Gesellschafter können öffentlich nicht eingesehen werden in einem Register (z. B. Handelsregister).

▶   Es erfolgt keine Handelsregistereintragung der GbR; sie führt keine
    Firma, sondern lediglich eine Bezeichnung und ihre Gesellschaft sind
    nicht in öffentlich einsehbaren Registern aufgelistet.

Bei Personengesellschaften haften die Gesellschafter selbst für die Verbindlichkeiten der Gesellschaft. Eine Abschirmung gibt es nicht. Die Haftung der Gesellschafter der BGB-Gesellschaft wird noch gesondert erläutert.

▶   Anders als bei Kapitalgesellschaften haften die Gesellschafter der Per-
    sonengesellschaften selbst für die Verbindlichkeiten der Gesellschaft.
    Eine (echte) Vermögenstrennung findet nicht statt.

## 2.3.2   Personenhandelsgesellschaften

Personenhandelsgesellschaften sind nach ihrem Gesellschaftszweck darauf ausgelegt, unter gemeinsamer Firma ein Handelsgewerbe zu betreiben. Personenhandelsgesellschaft sind diejenigen Personengesellschaften nach dem Handelsgesetzbuch (HGB), welche auch den handelsrechtlichen Vorschriften unterliegen, da sie Handelsgeschäfte betreiben. Daher gelten für die Personenhandelsgesellschaften bestimmte handelsrechtliche Sonder-Vorschriften und ergänzend hierzu das Recht der BGB-Gesellschaft.

Die Unterscheidung zwischen dem BGB-Zivilrecht und dem Handelsrecht nach dem HGB trägt der erhöhten Professionalisierung der Kaufleute Rechnung. Kaufleute sind dabei nicht nur natürliche Personen mit der Eintragung als Kaufmann (z. B. Max Mustermann e. K.), sondern auch die sog. Formkaufleute, die kraft ihrer Rechtsform Kaufmann sind. Neben den Kapitalgesellschaften ist dies auch bei den Personenhandelsgesellschaften der Fall. Die begriffliche Fokussierung auf Handelsgeschäfte stellt dabei nicht auf den Handel als Form der geschäftlichen Betätigung ab, sondern bezieht sich auf eine sprachlich inzwischen überkommene Unterscheidung zwischen einfachen und nicht komplex organisierten Unternehmen und größeren Unternehmungen kaufmännischer Struktur. Auch Dienstleister können unter das Handelsrecht fallen (nicht jedoch die sog. freien Berufe). Es kann also durchaus von einer Personenhandelsgesellschaft ein Unternehmen betrieben werden, das nicht der Branche des Handels im heutigen Sinne zuzuordnen ist, wie etwa ein Dienstleistungsunternehmen.

### 2.3.2.1 Offene Handelsgesellschaft (OHG)
Die offene Handelsgesellschaft (OHG) ist als Rechtsform in den vergangenen Jahrzehnten aus der Mode gekommen. Sicherlich ist ein Grund hierfür die persönliche Haftung der Gesellschafter für die Verbindlichkeiten der Gesellschaft und damit die fehlende Abschirmungswirkung. Die OHG kann man als BGB-Gesellschaft begreifen, die ein kaufmännisch eingerichtetes Unternehmen betreibt und in das Handelsregister eingetragen ist.

Derzeit haben rund 3,44 % der Personengesellschaften die Rechtsform der OHG (Statistisches Bundesamt 2014).

### 2.3.2.2 Kommanditgesellschaft
Die Kommanditgesellschaft ist eine Personenhandelsgesellschaft, bei der aber nur ein Gesellschafter persönlich und unbeschränkt haftet für die Verbindlichkeiten der Gesellschaft; weitere Gesellschafter haften nur mit der Einlage.

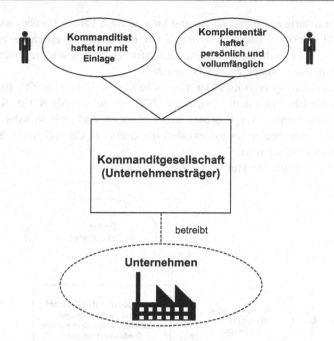

**Abb. 2.2**  Kommanditgesellschaft (KG)

Die KG ist damit eine gute Möglichkeit, einem voll haftenden Partner und einem auf seine finanzielle Einlage haftungsbeschränkten Partner die gemeinsame geschäftliche Betätigung zu ermöglichen. Die Grund-Idee war, dass ein Financier nicht mit seinem gesamten Vermögen für ein Geschäft gerade stehen möchte, welches er finanziell ermöglicht; dies bereits aufgrund des Informationsgefälles zwischen dem fachlich arbeitenden Partner (z. B. Erfinder) und dem Geldgeber.

Abb. 2.2 zeigt die Struktur der Kommanditgesellschaft.

Die reine KG kommt in Deutschland heutzutage nur noch ebenso selten vor wie die OHG.

### 2.3.2.3  GmbH & Co. KG

Die GmbH & Co. KG ist eine logische Fortentwicklung der Idee der KG. Hier wird als persönlich haftender Gesellschafter keine natürliche Person gewählt, sondern die GmbH als juristische Person und Kapitalgesellschaft. Damit haftet die GmbH allein mit ihrem gesamten Vermögen, wohingegen die an der KG beteiligten natürlichen Personen nur mit ihrer Einlage haften. Da aber wiederum die GmbH selbst als Kapitalgesellschaft nur mit ihrem Gesellschaftsvermögen haftet, wird hierdurch eine weitgehende Haftungsabschirmung gegenüber Verbindlichkeiten der GmbH & Co. KG erreicht.

Die Bezeichnung zeigt dies klar auf: Es handelt sich um eine KG, bestehend aus einer GmbH und einem *Companion*. Näheres zur GmbH & Co. KG wird noch erläutert werden. Vergleichbare Konstruktionen sind nicht in jeder Rechtsordnung bekannt (beispielsweise existiert die GmbH & Co. KG in der Schweiz nicht, sondern nur die KG).

Abb. 2.3 zeigt die Struktur der GmbH & Co. KG.

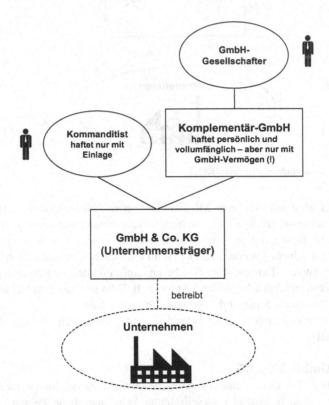

**Abb. 2.3**   GmbH & Co. KG

## 2.3.3  Kapitalgesellschaften

Kapitalgesellschaften sind im Wesentlichen die Gesellschaft mit beschränkter Haftung (GmbH) und die Aktiengesellschaft (AG) – letztere auch in Form der europäischen Aktiengesellschaft (societas europaea – SE). Kapitalgesellschaften zeichnen sich durch ein im Handelsregister eingetragenes Grundkapital bzw. Stammkapital aus. Das Mindeststammkapital der GmbH beträgt EUR 25.000,00; das Mindestgrundkapital der AG beträgt EUR 50.000,00.

Eben dieses Kapital unterliegt strengen Regelungen betreffend die Aufbringung des Kapitals bei Gründung (sog. Kapitalaufbringung) und Erhaltung des Kapitals während des Lebenszyklus der Gesellschaft aus (sog. Kapitalerhaltung). Diese Regelungen über die Aufbringung und Kapitalerhaltung dienen dem Schutz der Gläubiger der Gesellschaft. Der Rechtsverkehr darf bei Kapitalgesellschaften darauf vertrauen, dass das im Handelsregister eingetragene Kapital bei Gründung bestanden hat und nicht unzulässig an die Gesellschafter wieder ausgeschüttet worden ist. Allerdings ist zu beachten, dass dieses Kapital (Grundkapital oder Stammkapital) im Zuge des ordentlichen Geschäftsganges verbraucht werden darf. Einen Schutz vor Insolvenz stellt die Kapitalerhaltung gerade nicht dar.

Interessant geht die Entwicklung der vergangen Jahrzehnte dahin, dass Kapitalgesellschaften landläufig größeres Vertrauen entgegengebracht wird. Nicht professionelle Teilnehmer am Rechtsverkehr und Wirtschaftsverkehr vertrauen häufig eher einem Gebrauchtwagenhändler in der Rechtsform der GmbH als einem Gebrauchtwagenhändler, der persönlich haftet. Dies war früher anders; es galt als nicht gerade schicklich, wenn ein Unternehmer nicht auch persönlich haftet. Dies ist allerdings in Vergessenheit geraten.

Derzeit ist in Deutschland von ca. 30.000 bis 40.000 OHGs und KGs auszugehen, im Vergleich zu ca. 140.000 GmbH & Co. KGs und über 560.000 Kapitalgesellschaften. Die absolut überwiegende Mehrzahl von Kapitalgesellschaften agiert in der Rechtsform der GmbH (knapp 530.000) bei nur ca. 7000 Aktiengesellschaften (Statistisches Bundesamt 2014).

Auch unter die Kapitalgesellschaften fällt die sog. UG (Unternehmergesellschaft haftungsbeschränkt), die einer GmbH entspricht, jedoch mit einem Mindeststammkapital von nur EUR 1,00. Hierzulande zählt man ca. 27.000 UGs. (Statistisches Bundesamt 2014).

Die Einzelheiten zu AG, GmbH und UG werden gesondert erläutert.

## 2.4 Geschäftsführung

Geschäftsführung ist nach der rechtlichen Terminologie die Führung der Gesellschaft nach innen. Beispielsweise sind grundsätzlich sämtliche GbR-Gesellschafter zur Geschäftsführung berechtigt; der Kommanditist (nur mit der Einlage haftender KG-Gesellschafter) ist im Grundsatz von der Geschäftsführung ausgeschlossen.

Eine GmbH hat einen Geschäftsführer und eine Aktiengesellschaft den Vorstand. Diese führen das Unternehmen.

Geschäftsführung meint dabei nicht – wie landläufig angenommen – zwingend auch zugleich die Vertretung der Gesellschaft im Rechtsverkehr.

## 2.5 Vertretung

Vertretung meint die rechtsverbindliche Umsetzung des Willens der Gesellschafter namens der Gesellschaft im Rechtsverkehr. Eine Gesellschaft (gleich welcher Rechtsform) kann streng genommen selbst nicht einen Vertrag abschließen oder Eigentum erwerben. Sie benötigt hierfür einen Menschen, der für sie handelt.

Das Handeln für einen anderen im Rechtsverkehr bezeichnet man im deutschen Rechtsverständnis als Vertretung. Dieser Begriff wird auch verwendet für die Vertretung von Gesellschaften durch beispielsweise den geschäftsführenden Gesellschafter der GbR oder den GmbH-Geschäftsführer oder den Vorstand der AG. Man spricht insoweit von den sog. geborenen Vertretern bzw. von den organschaftlichen Vertretern.

▶  Sog. geborener Vertreter der GmbH ist der Geschäftsführer; bei der AG der Vorstand.

Vertretung geht als Begriff aber weiter. Vertreten werden kann eine Gesellschaft auch durch Nicht-Gesellschafter bzw. Nicht-Geschäftsführer oder Nicht-Vorstände. Sonst müsste beispielsweise die Siemens AG jeden einzelnen Vertrag durch den Vorstand abschließen lassen, was beileibe nicht praktikabel wäre. Daher können Gesellschaften – wie übrigens Menschen auch – Vertreter bestimmen. Diese Vertreter erhalten dann Vollmacht. Vollmacht kann in Form der Generalvollmacht, Spezialvollmacht, Handlungsvollmacht oder Prokura erteilt werden. Solche Vertreter sind die sog. gekorenen Vertreter.

▶  Bevollmächtigte (z. B. Handlungsvollmacht) oder Prokuristen sind die sog. gekorenen Vertreter.

## 2.5.1 Arten der Vertretungsmacht

Wenn jemand für einen anderen handelt, sollte dies tunlichst mit Vertretungsmacht geschehen. Vertretungsmacht ist die Berechtigung, für einen anderen rechtsverbindlich zu handeln, also beispielsweise Verträge abzuschließen oder Eigentum zu erwerben etc. Vertretungsmacht verleiht die Vollmacht oder die Prokura.

Die einfache Vollmacht regelt das BGB in §§ 164 ff. BGB. Sie kann für ein bestimmtes Geschäft erteilt werden (sog. Spezialvollmacht), für eine bestimmte Gattung von wiederkehrenden Geschäften (sog. Gattungsvollmacht) oder für alle Geschäfte innerhalb des Betriebes eines Handelsunternehmens nach HGB (sog. Handlungsvollmacht gemäß § 54 HGB). Die weiteste Art der Vertretungsmacht vermittelt die sog. Prokura gemäß §§ 48 HGB ff. Sie berechtigt zur Vertretung in allen Belangen des durch die Gesellschaft betriebenen Handelsgeschäftes (die Prokura kann also nicht von BGB-Gesellschaften erteilt werden, da diese kein Handelsgeschäft betreiben).

## 2.6 Joint Venture und Special Purpose Vehicle (SPV)

### 2.6.1 Joint-Venture-Gesellschaften

Von einem Joint-Venture spricht man, wenn zwei oder mehr Unternehmen sich in einer Joint-Venture-Gesellschaft zusammenschließen. Üblicherweise geschieht dies im Wege des Share Deal durch Erwerb von Anteilen eines bestehenden Unternehmens oder durch Gründung einer neuen Gesellschaft für eben diesen Zweck: der Joint-Venture-Gesellschaft. Eine solche Joint-Venture-Gesellschaft ist dabei in jeder Rechtsform denkbar – häufig werden jedoch die GmbH oder die GmbH & Co. KG gewählt. Der Begriff Joint-Venture selbst bezeichnet keine Rechtsform (GmbH, KG, AG etc.).

Abb. 2.4 zeigt die Struktur eines Joint-Venture.

### 2.6.2 Special Purpose Vehicle (SPV)

Häufig wird auch der Begriff des SPV (special purpose vehicle) im Gesellschaftsrecht verwendet. Hierbei handelt es sich ebenfalls nicht um eine Gesellschaftsform (wie GmbH oder KG), sondern dadurch wird lediglich gekennzeichnet,

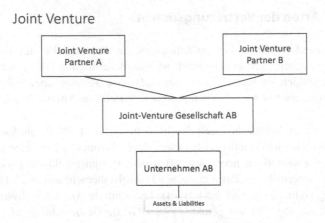

**Abb. 2.4**  Joint-Venture-Gesellschaft

dass die Gesellschaft eine reine Zweck- bzw. Projektgesellschaft ist, die nur der Abwicklung eines bestimmten Projektes dient. SPVs haben in der Regel keine Arbeitnehmer etc. und werden nach Durchführung eines Projektes (z. B. der Ankauf nebst Erweiterung und Verkauf einer Immobilie) wieder liquidiert.

### 2.6.3  Vorratsgesellschaft bzw. Mantelgesellschaft

In der Praxis wird häufig eine Gesellschaft sehr schnell benötigt (z. B. aufgrund anstehenden Jahreswechsels etc.) und die Gründung einer GmbH, GmbH & Co. KG oder AG erscheint zeitlich als kritisch. Dann wird auf sog. Vorratsgesellschaften bzw. Mantelgesellschaften zurückgegriffen. Verschiedene Dienstleister halten Gesellschaften vor, die jedoch keinen Geschäftsbetrieb innehaben, sondern nur auf Vorrat bzw. nur als leerer Mantel existieren. Solche Gesellschaften können sehr schnell erworben und entsprechend Satzung und Firma geändert werden. Die Kosten sind in der Regel vernachlässigbar angesichts des Zeitgewinnes.

# Einzelne Gesellschaften im Überblick    3

## 3.1 BGB-Gesellschaft (GbR)

### 3.1.1 Gründung, Gesellschaftsvertrag

Eine BGB-Gesellschaft (auch GbR – Gesellschaft bürgerlichen Rechts – genannt) entsteht durch Abschluss des Gesellschaftsvertrages in seiner denkbar einfachsten Form. Mindestens zwei Personen (natürlich oder juristisch) vereinbaren einen gemeinsamen Zweck sowie gegenseitige Förderungspflichten dieses Zweckes, des Gesellschaftszweckes.

Als wohl plakativ einleuchtendes Schulbeispiel wird stets die Fahrgemeinschaft angeführt: Hat eine Person den PKW und nimmt gegen Fahrtkostenbeteiligung eine andere Person mit, um gemeinsam ein Ziel zu erreichen, entsteht hierdurch bereits eine GbR. Gemeinsamer Zweck ist die Durchführung der Reise, und die Beitragsleistungen der Gesellschafter sind die Bereitstellung des PKW sowie die Kostenteilung.

Das Gesetz und die Rechtsprechung erheben dabei keine sehr hohen Hürden an beispielsweise das Bewusstsein der Gesellschafter zur Gründung der GbR. Allein das Grundverständnis, rechtserheblich zu handeln bei der Fahrgemeinschaft (z. B. Hingabe von Geld), wird als ausreichend erachtet.

Dies bedeutet, dass im Wirtschaftsverkehr häufig BGB-Gesellschaften entstehen, ohne dass dies den Beteiligten dabei konkret bewusst ist – der Wille muss nicht ausdrücklich auf die Gründung einer GbR gerichtet sein; die GbR kann damit stillschweigend (=konkludent) gegründet werden. Es bedarf daher gerade keiner schriftlichen Vereinbarung. Es bedarf auch keiner ausdrücklichen Vereinbarung, dass eine Gesellschaft überhaupt gegründet werden soll; das faktische bzw. tatsächliche Handeln der Gesellschafter ist ausreichend, wenn dies aus

© Springer Fachmedien Wiesbaden GmbH 2018
C. Engelhardt, *Gesellschaftsrecht*, essentials,
https://doi.org/10.1007/978-3-658-20061-9_3

rechtlicher Sicht so gewertet werden kann, dass ein gemeinsamer Zweck und gegenseitige Förderpflichten bestanden haben bzw. bestehen.

▶   Ablauf der Gründung: Mit Abschluss des Gesellschaftsvertrages (nicht zwingend schriftlich) ist die Gesellschaft gegründet.

▶   BGB-Gesellschaften werden häufig stillschweigend (=konkludent) gegründet, ohne dass den Gesellschaftern die Gründung bewusst ist.

▶   Beispielsweise sind Kooperationsverträge bzw. Projektverträge oder Arbeitsgemeinschaften im Bausektor (ARGE) immer rechtlich daraufhin zu untersuchen, ob nicht stillschweigend (=konkludent) auch eine BGB-Gesellschaft gegründet worden ist und somit zusätzlich zu den Regelungen des jeweiligen Kooperationsvertrages oder Projektvertrages auch die Regelungen über die GbR (§§ 705 ff. BGB) anzuwenden sind.

BGB-Gesellschaften sind nicht auf den Betrieb eines Handelsgewerbes ausgerichtet, d. h. es wird kein Unternehmen betrieben, das einen kaufmännisch eingerichteten Gewerbebetrieb erforderlich macht. Andernfalls entsteht eine Offene Handelsgesellschaft (OHG) – ggf. auch nachträglich im Falle der Gründung einer GbR mit nachträglichem relevantem Wachstum des Unternehmens bis hin zum OHG-Stadium.

BGB-Gesellschaften werden nicht ins Handelsregister eingetragen und führen auch keine Firma im handelsrechtlichen Sinne, sondern lediglich eine Namensbezeichnung.

Da viele diese BGB-Gesellschaften nicht sichtbar am Wirtschaftsleben teilnehmen, unterscheidet man begrifflich zwischen Innengesellschaften und Außengesellschaften.

### 3.1.2   Außen-GbR und Innen-GbR

Nur bei der BGB-Gesellschaft wird zwischen der Außengesellschaft und der Innengesellschaft unterschieden. Eine Innengesellschaft liegt vor, wenn der Umstand, dass die Gesellschafter eine Gesellschaft gegründet haben und namens dieser Gesellschaft handeln, dem Wirtschafts- und Rechtsverkehr nicht offengelegt wird bzw. nicht offen zutage tritt. Entscheidend ist daher, ob im Namen der Gesellschaft gehandelt wird (also die Gesellschaft vertreten wird) oder ob die Gesellschaft schlichtweg nicht in Erscheinung tritt. Das zuvor erläuterte Beispiel der Fahrgemeinschaft ist ein typischer Fall einer Innengesellschaft. Innengesellschaften bilden in aller Regel kein Gesellschaftsvermögen (wenngleich dies möglich ist) und sind üblicherweise auch nicht auf längere Dauer angelegt.

Außengesellschaften hingegen treten im Wirtschafts- und Rechtsverkehr sichtbar auf (z. B. Website, Briefbogen, Visitenkarten der Gesellschafter). Außengesellschaften werden also sichtbar rechtlich vertreten durch ihre Gesellschafter oder durch Bevollmächtigte.

### 3.1.3 Rechtsfähigkeit der BGB-Gesellschaft

Wenngleich früher umstritten war, ob die GbR rechtsfähig sein kann, also selbst Trägerin von Rechten und Pflichten werden kann (z. B. Gesellschaftsvermögen, Verbindlichkeiten, Eigenschaft als Vertragspartner), so ist die Frage für den Wirtschaftsverkehr heutzutage durch die geänderte Rechtsprechung des BGH zur sog. Teilrechtsfähigkeit inzwischen geklärt. Die GbR kann in nahezu allen Bereichen des Wirtschaftslebens als Trägerin von Rechten und Pflichten (Assets/Liabilities) auftreten und damit selbst ein Unternehmen betreiben, Verträge abschließen, klagen und verklagt werden.

### 3.1.4 Kapital und Gesellschafter/Organe

#### 3.1.4.1 Kapital und Gesellschafter

Die BGB-Gesellschaft besteht aus zumindest zwei Gesellschaftern. Dies ist der Grundsatz aller Personengesellschaften, also auch der Personenhandelsgesellschaften. Diese Gesellschafter können natürliche oder juristische Personen sein. Auch können Personengesellschaften Gesellschafter einer GbR sein.

Abb. 3.1 zeigt die Struktur der BGB-Gesellschaft.

Eine GbR hat kein gesetzliches Mindestkapital oder keine sonstige Kapitalziffer, die in einem Register eingetragen werden könnte und den Gläubigern als Haftkapital zur Verfügung steht.

#### 3.1.4.2 Organe und Vertretung

Organe der GbR sind lediglich die Gesellschafter selbst. Anders als in Kapitalgesellschaften, wo zwischen Gesellschaftern und Geschäftsführern unterschieden wird, existiert eine solche Trennung in der GbR nicht. Dies resultiert aus dem Zuschnitt der GbR auf einen kleinen Kreis von Gesellschaftern. Die BGB-Gesellschaft ist gerade keine typische Publikumsgesellschaft.

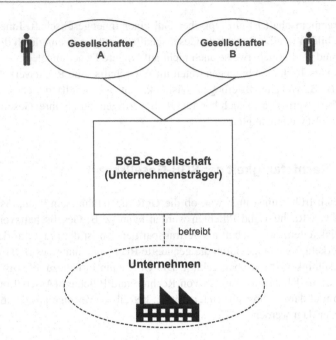

**Abb. 3.1**  BGB-Gesellschaft

Daher wird die BGB-Gesellschaft stets von den Gesellschaftern vertreten. Zur der Geschäftsführung sind ebenfalls alle Gesellschafter berechtigt und verpflichtet. Es gilt der sog. Grundsatz der Selbstorganschaft. Danach ist die organschaftliche Bestellung eines Geschäftsführers, der nicht zugleich Gesellschafter ist, nicht möglich. Allerdings wird dies in der Praxis dadurch gelöst, dass mit sog. Geschäftsführern Dienstverträge abgeschlossen und entsprechende Vollmachten erteilt werden (anders als beispielsweise in der GmbH, bei der die Vertretungsmacht des Geschäftsführers sich bereits aus dem Gesetz ergibt, § 35 Abs. 1 Satz 1 GmbHG).

### 3.1.5 Haftung der Gesellschaft und der Gesellschafter

Aufgrund der (Teil-)Rechtsfähigkeit der BGB-Gesellschaft haftet die Gesellschaft selbst für ihre Verbindlichkeiten, muss also die Pflichten aus Vertrag oder Gesetz selbst erfüllen.

Allerdings haften die Gesellschafter gemäß § 128 HGB, § 31 BGB analog ebenfalls für die Verbindlichkeiten der Gesellschaft. Dies resultiert aus der
rechtlichen Historie der BGB-Gesellschaft und strukturell aus ihrem Zuschnitt
auf einen kleinen Personenkreis. Jeder Gesellschafter haftet unmittelbar, unbeschränkt, gesamtschuldnerisch und rückgangsbezogen (und abgangsbezogen)
sowie organschaftlich analog § 31 BGB. Zudem ist eine Haftungsbeschränkung
durch Hinzufügen eines Rechtsformzusatzes (GbR mbH) nicht möglich.

Ist eine Haftungsbegrenzung in der GbR gewünscht, so kann dies nur durch
individuelle Vereinbarungen mit den jeweiligen Gläubigern erreicht werden oder –
wenngleich nur abgeschwächt wirkend – durch die Vereinbarung eines sog. Innen-
Regresses zwischen den Gesellschaftern (wirtschaftlich aber dann abhängig von
der Werthaltigkeit solcher Freistellungs- bzw. Regressvereinbarungen).

▶     In der GbR haftet sowohl die Gesellschaft als auch jeder Gesellschafter
      für die Verbindlichkeiten der Gesellschaft.

## 3.1.6  Verkauf/Insolvenz/Liquidation

### 3.1.6.1 Verkauf
Die Übertragung von GbR-Anteilen geschieht entweder durch Eintritt eines
neuen Gesellschafters (Käufer) unter gleichzeitigem Austritt des alten Gesellschafters (Verkäufer) oder durch Abtretung des betreffenden Gesellschaftsanteils
vom Altgesellschafter auf den Neugesellschafter. In beiden Fällen ist die Änderung des Gesellschafterkreises eine Änderung des Gesellschaftsvertrages und
bedarf der Zustimmung der übrigen Gesellschafter, wenn nicht im Gesellschaftsvertrag ausdrücklich eine andere Regelung getroffen worden ist.

### 3.1.6.2 Insolvenz
Wird über das Vermögen der Gesellschaft oder das Vermögen eines Gesellschafters das Insolvenzverfahren eröffnet, so wird die GbR gemäß § 728 BGB hierdurch aufgelöst. Die Abwicklung richtet sich dann nach dem Insolvenzrecht.

### 3.1.6.3 Kündigung, Liquidation und Insolvenz
Die Kündigung eines GbR-Gesellschafters führt zur Auflösung und Liquidation der Gesellschaft, wenn nicht im Gesellschaftsvertrag etwas anderes geregelt
ist (sog. Fortführungsklausel nach der die Gesellschaft mit den übrigen Gesellschaftern – sofern mehr als einer vorhanden ist – weitergeführt wird und durch
die Kündigung der kündigende Gesellschaft schlicht aus der GbR ausscheidet).

Zu beachten ist, dass der ausscheidende GbR-Gesellschafter gemäß § 736 Abs. 2 BGB i. V. m. § 160 Abs. 1 HGB noch für fünf Jahre für Altverbindlichkeiten haftet, die bis zu seinem Ausscheiden begründet worden sind; dem kann beispielsweise durch vertraglich vereinbarte Freistellungsverpflichtungen begegnet werden.

Zur Liquidation bedarf es eines Auflösungsbeschlusses der Gesellschafter sowie der nachstehenden Schritte der Auseinandersetzung: Beendigung der schwebenden Geschäfte, Erfüllung der bestehenden Verbindlichkeiten, Rückgewähr der Einlagen an die Gesellschafter (sofern die Verbindlichkeiten dies noch zulassen) und die Verteilung des Erlöses (sofern ein Erlös verbleibt). Es wird deutlich, dass die Liquidation nur dann eine Option ist, wenn das Vermögen noch zumindest zur Begleichung der Verbindlichkeiten ausreicht; ansonsten ist eine Insolvenz der Weg zur Beendigung.

Die GbR kann Insolvenz anmelden, jedoch ist die persönliche Haftung der GbR-Gesellschafter hier zu beachten.

## 3.2 OHG und KG

### 3.2.1 Gründung und Gesellschaftsvertrag

Sowohl die OHG als auch die KG bedürfen eines Gesellschaftsvertrages. Dabei unterscheiden sie sich nur in Teilen von der BGB-Gesellschaft, weswegen auch das Gesetz (HGB) zu den Grundzügen auf das Recht der BGB-Gesellschaft (§§ 705 ff. BGB) verweist.

Vereinfacht gesagt, ist eine OHG eine BGB-Gesellschaft, deren Zweck der Betrieb eines Handelsgewerbes ist. Wenn also zumindest zwei Gesellschafter ein kaufmännisch eingerichtetes Gewerbe betreiben, so liegt keine BGB-Gesellschaft vor, sondern eine OHG. Die OHG kann also als die „große Schwester" bzw. das professionalisierte Pendant der GbR verstanden werden.

Sowohl OHG als auch KG werden in das Handelsregister eingetragen. Diese Personenhandelsgesellschaften sind Kaufleute und für sie gilt das Handelsrecht. Daher können OHG oder KG auch Prokura oder Handlungsvollmacht erteilen (die BGB-Gesellschaft kann keine Prokuristen haben).

Die Kommanditgesellschaft (KG) unterscheidet sich in nur einem wesentlichen Punkt von der OHG: Während bei der OHG sämtliche Gesellschafter gemäß § 128 HGB haften (persönlich, unbeschränkt, unmittelbar, gesamtschuldnerisch und akzessorisch), so ist bei der KG zumindest ein Gesellschafter von der persönlichen Haftung ausgeschlossen. Der Komplementär haftet voll (wie der OHG-Gesellschafter), der Kommanditist haftet nur mit seiner Kommanditeinlage, wenn

und soweit diese in das Handelsregister eingetragen worden ist und auch aufgebracht und nicht an ihn zurückgezahlt worden ist.

Die GmbH & Co. KG wird in einem eigenen Gliederungspunkt erläutert
(Abschn. 3.4).

▶  Ablauf der Gründung der OHG: Mit Abschluss des Gesellschaftsvertra-
    ges (nicht zwingend schriftlich) ist die Gesellschaft gegründet. Durch
    die Aufnahme eines HGB-Geschäftsbetriebes entsteht die OHG (statt
    der GbR). Die Handelsregistereintragung der OHG ist für die Gründung
    nicht erforderlich (wirkt nur deklaratorisch); spätestens mit Eintragung
    in das Handelsregister ist die OHG jedoch gegründet.

▶  Ablauf der Gründung der KG: Mit Abschluss des Gesellschaftsvertrages
    (nicht zwingend schriftlich) ist die Gesellschaft gegründet. Durch die
    Aufnahme eines HGB-Geschäftsbetriebes entsteht die KG, wobei die
    Haftungsbeschränkung des Kommanditisten erst ab Handelsregister-
    eintragung gilt.

### 3.2.2 Kapital und Aktionäre/Organe

#### 3.2.2.1 Gesellschafter, Kapital und Haftung in der OHG

Die OHG kennt – ebenso wie die BGB-Gesellschaft – keine Kapitalvorschriften.
Die OHG kann am Rechtsverkehr teilnehmen und ist insoweit rechtsfähig und
kann Träger von Rechten und Pflichten sein. Die OHG ist daher wie die BGB-
Gesellschaft in der Lage, Vermögen zu haben oder Schulden bzw. Verbindlichkeiten einzugehen. Wie bei der BGB-Gesellschaft haften alle OHG-Gesellschafter
für die Verbindlichkeiten der OHG.

Abb. 3.2 zeigt die Struktur der offenen Handelsgesellschaft.

#### 3.2.2.2 Gesellschafter, Kapital und Haftung in der KG

Die Kommanditgesellschaft hat hingegen in puncto Haftung und Kapital zwei
unterschiedliche Gesellschafter-Arten. Der Komplementär haftet persönlich etc.
wie der OHG-Gesellschafter. Er wird daher häufig in der Praxis auch persönlich
haftender Gesellschaft (phG) genannt. Nur der Kommanditist haftet beschränkt.

Abb. 3.3 zeigt die Struktur der Kommanditgesellschaft.

Die Kommanditistenhaftung für Verbindlichkeiten ist die Besonderheit der
KG: Der Kommanditist haftet nur mit dem Kapital, mit dem er im Handelsregister
eingetragen ist. Es existieren daher drei Stadien der Haftung des Kommanditisten:

**Abb. 3.2** OHG

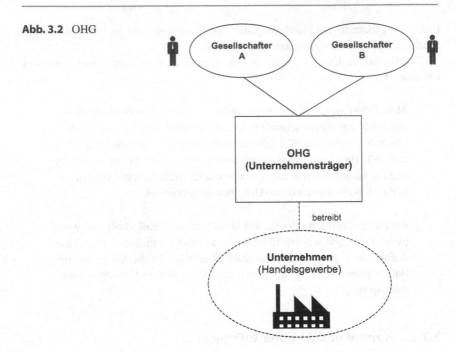

1) Ausschluss der persönlichen Haftung, 2) beschränkte persönliche Haftung und 3) unbeschränkte persönliche Haftung.

Ausgeschlossen ist die persönliche Haftung des Kommanditisten, wenn und soweit er seine Einlage geleistet hat, § 171 Abs. 1 HGB. Die Leistung kann dabei ursprünglich bei Gesellschaftsgründung erfolgen oder auch später – sogar durch die Nichtentnahme von späteren Gewinnen. Die Höhe der Einlage ist im Gesellschaftsvertrag vereinbart und wird im Handelsregister eingetragen. Nota bene: Ausgeschlossen ist nicht die Haftung mit eben diesem Betrag. Dieser Betrag steht den Gläubigern als Haftkapital zur Verfügung. Ausgeschlossen ist nur eine darüber hinausgehende persönliche Haftung.

Beschränkt persönlich haftet der Kommanditist, wenn der im Gesellschaftsvertrag versprochene Betrag noch nicht geleistet worden ist. Die Haftung ist inhaltlich gleich dem Komplementär (und damit dem OHG-Gesellschafter) unmittelbar, primär, persönlich, akzessorisch und gesamtschuldnerisch – allerdings ist diese Haftung betragsmäßig auf eben den versprochenen und in das Handelsregister eingetragenen Betrag begrenzt. Der nicht erfolgten Einlage steht übrigens eine nach Aufbringung der Einlage erfolgende Rückerstattung der Einlage gleich,

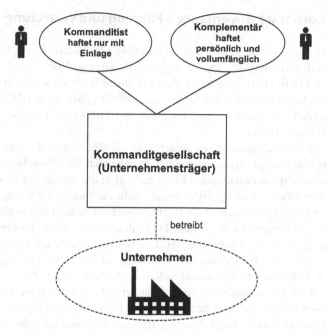

**Abb. 3.3**  Kommanditgesellschaft (KG)

§ 172 Abs. 4 HGB. Ebenso wirkt sich eine Gewinnentnahme unter Verstoß gegen § 169 Abs. 1 HGB aus: Die Haftung des Kommanditisten lebt wieder auf im Falle von unberechtigten Gewinnentnahmen.

Unbeschränkt haftet der Kommanditist, wenn die Haftungsbeschränkung noch nicht im Handelsregister eingetragen worden ist (§ 176 HGB) oder für den Fall, dass bereits vor Eintragung der Gesellschaft in das Handelsregister die Geschäfte aufgenommen worden sind.

▶   Kommanditisten, die ihre Einlage nicht erbracht haben oder denen sie zurückgezahlt wurde oder deren Haftungsbeschränkung im Handelsregister nicht eingetragen worden ist, haften beschränkt oder sogar unbeschränkt persönlich für die Verbindlichkeiten der Gesellschaft.

### 3.2.3 Corporate Governance – Führung und Vertretung

In der OHG sind – wie in der GbR – sämtliche Gesellschafter zur Geschäftsführung und Vertretung als sog. Einzelgeschäftsführung bzw. Einzelvertretung berufen, §§ 114 ff. HGB, jedoch versehen mit einem Widerspruchsrecht der übrigen Gesellschafter und auch nur im Umfang der für genau diese OHG üblichen Geschäfte (darüber hinaus ist ein Beschluss aller OHG-Gesellschafter erforderlich, § 116 Abs. 2 HGB).

In der Kommanditgesellschaft stehen Geschäftsführung und Vertretung nur dem Komplementär zu, also dem persönlich haftenden Gesellschafter. Zwar hat der Kommanditist ein beschränktes Einsichtsrecht in die Bücher der Gesellschaft gemäß § 166 HGB, allerdings ist er gerade nicht zur Geschäftsführung berufen. Vertreten darf der Kommanditist die KG nicht, wenn ihm nicht hierzu eine gesonderte Vertretungsmacht (z. B. Vollmacht, Handlungsvollmacht, Prokura) erteilt worden ist. Dies ist auch gerechtfertigt. Der persönlich haftende Komplementär lenkt die Geschicke der Gesellschaft und haftet für diese vollumfänglich. Der nicht persönlich haftende Kommanditist hat sich bewusst für die Rolle des Financiers bzw. des Gesellschafters im Hintergrund entschieden und seine Haftung für die Gesellschaft auch bewusst beschränkt. Die Befugnisverteilung (um nicht zu sagen Machtverteilung) entspricht den Haftungsrisiken und Leistungen der einzelnen Gesellschafter.

▶ Die Geschäfte der KG führt der persönlich haftende Gesellschafter; der Kommanditist ist grundsätzlich nicht zur Geschäftsführung und Vertretung berechtigt (wenn nicht gesondert geregelt).

Abb. 3.4 zeigt die Geschäftsführung der KG.

### 3.2.4 Verkauf

Verkauf und Übertragung der OHG ist der BGB-Gesellschaft vergleichbar. Es werden OHG-Anteile übertragen oder der Alt-Gesellschafter scheidet unter Eintreten des Neu-Gesellschafters aus. Jedenfalls sollte im Gesellschaftsvertrag hierzu etwas geregelt sein, da ansonsten die gesetzliche Regelung vorsieht, dass eine Übertragung der OHG-Anteile der Zustimmung aller übrigen OHG-Gesellschafter bedarf und dies kann im Einzelfall misslich bis sogar transaktionsverhindernd wirken.

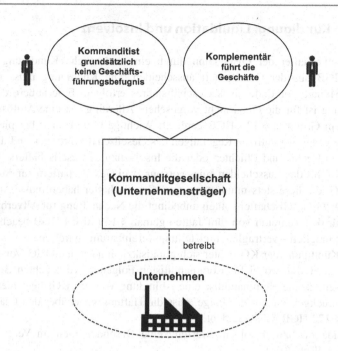

**Abb. 3.4** Geschäftsführung KG

Bei der KG ist der Wechsel insbesondere der Kommanditisten häufiger. Der Kommanditanteil wird verkauft und übertragen (Abtretung gemäß § 398 BGB). Wer einen Kommanditanteil erwirbt, sollte jedoch bei Abfassung des Kauf- und Abtretungsvertrages darauf achten, dass der Erwerb des Kommanditanteils erst mit Eintragung des Erwerbers als Kommanditist in das Handelsregister wirksam wird; dies kann im Kaufvertrag einfach durch eine aufschiebende Bedingung gemäß § 158 BGB erreicht werden. Es steht ansonsten das Risiko im Raum, dass der Erwerber zwar Gesellschafter der Kommanditgesellschaft ist, aber (noch) nicht als Kommanditist mit seiner haftungsbeschränkenden Einlage in das Handelsregister eingetragen ist. In diesem Falle ist der Neu-Gesellschafter nicht von der persönlichen Haftung befreit, sondern haftet gemäß § 176 HGB unbeschränkt persönlich. Unter Umständen kann zwischen Abschluss des Anteilskaufvertrages und Handelsregistereintragung ein relevanter Zeitraum liegen und durchaus eine relevante Haftung den Neu-Gesellschafter treffen.

## 3.2.5  Kündigung, Liquidation und Insolvenz

Der Gesellschafter der OHG kann durch eine ordentliche Kündigung gemäß § 132 HGB aus der Gesellschaft ausscheiden. Die Kündigung muss mindestens 6 Monate vor Ende eines Geschäftsjahres erfolgen. Eine außerordentliche Kündigung ist für die OHG nicht vorgesehen. Allerdings ist eine Auflösung aus wichtigem Grund in § 133 HGB geregelt: Wichtige Gründe sind beispielsweise Verstöße gegen wesentliche Regelungen des Gesellschaftsvertrages und die darin geregelten Rechte und Pflichten oder die Insolvenz des Gesellschafters. Wie bei der GbR führt das Ausscheiden eines von nur zwei Gesellschaftern zur Auflösung der OHG, da diese stets mindestens zwei Gesellschafter haben muss. Ausscheidende OHG-Gesellschafter sollten unbedingt die Nachhaftung für Altverbindlichkeiten für den Zeitraum von fünf Jahren gemäß § 160 Abs. 1 HGB beachten und – soweit möglich – vertraglich Freistellungsvereinbarungen treffen.

Die Kündigung der KG richtet sich grundsätzlich nach den OHG-Vorschriften (§§ 132 ff. HGB), wobei für Kommanditisten Folgendes zu beachten ist: Erhält der ausscheidende Kommanditist eine Abfindung von der KG, liegt hierin eine Einlagenrückgewähr mit der Folge, dass die Haftung gegenüber den Gläubigern gemäß § 172 HGB wieder auflebt.

Liquidation bzw. Insolvenz werfen keine Besonderheiten im Vergleich zur BGB-Gesellschaft auf.

## 3.3  GmbH

## 3.3.1  Die juristische Person

Die GmbH ist juristische Person (wie auch die AG und der rechtsfähige Verein, die KGaA und die Genossenschaft sowie abhängig von der Ausgestaltung auch die Stiftung). Die juristische Person hat – zumindest bezogen auf das Wirtschaftsleben – dieselben Rechte wie eine natürliche Person (der Mensch). Die juristische Person ist Trägerin von Rechten und Pflichten, kann Gesellschafter von Gesellschaften sein, kann gerichtlich verklagt werden und klagen, kann als Erbe eingesetzt werden etc.

Die juristische Person ist grundsätzlich unabhängig vom Personenkreis ihrer Gesellschafter und insofern selbstständig; das Vermögen der juristischen Person steht nur ihr zu und lediglich indirekt den Gesellschaftern – daher haftet auch nur die juristische Person für ihre Verbindlichkeiten und nur indirekt durch etwaige Wertminderung die Gesellschafter; daher ist die juristische Person der gesellschaftsrechtliche Gegensatz zur Personengesellschaft bzw. Personenhandelsgesellschaft.

Die juristische Person kann als sog. Ein-Mann-Gesellschaft mit nur einem Gesellschafter bestehen. Sie braucht stets zumindest einen organschaftlichen Vertreter (z. B. GmbH-Geschäftsführer, AG-Vorstand) und dieser Vertreter muss nicht Gesellschafter sein (sog. Grundsatz der Fremdorganschaft).

### 3.3.2 Kapitalgesellschaft

GmbH und AG sind Kapitalgesellschaften. Sie verfügen über ein Kapital, welches im Handelsregister eingetragen wird (GmbH-Stammkapital und AG-Grundkapital) und den Gläubigern als Haftungsmasse zur Verfügung stehen muss. Daher gilt der Grundsatz der Kapitalaufbringung, nachdem das eingetragene Kapital bei Gründung auch tatsächlich aufgebracht werden muss; zudem gilt der Grundsatz der Kapitalerhaltung, nachdem das Kapital nur unter ganz bestimmten rechtlichen Rahmenbedingungen an die Gesellschafter bzw. Aktionäre wieder ausgeschüttet werden darf.

Allerdings unterliegt dieses Haftkapital keinem absoluten Schutz: Das eingetragene Kapital (GmbH-Stammkapital bzw. AG-Grundkapital) darf im Laufe des Geschäftsganges verbraucht werden; ein Insolvenzschutz besteht nicht.

### 3.3.3 Gründung

Die Gründung der Gesellschaft mit beschränkter Haftung erfolgt durch notarielle Beurkundung des Gründungsaktes einschließlich des Gesellschaftsvertrages (Satzung) und der Übernahme der Geschäftsanteile und Bestellung der Geschäftsführung durch die Gesellschafterversammlung. Diese Gründungsurkunden sind durch den beurkundenden Notar in das Handelsregister einzureichen.

Die Gründung ist erst mit Eintragung der GmbH in das Handelsregister vollzogen (Dauer ca. 1–2 Wochen in einfach gelagerten Fällen). Zuvor besteht allenfalls eine Vorgesellschaft. Eine Vorgesellschaft wird dann angenommen, wenn die GmbH-Gesellschafter bereits vor Eintragung der GmbH im Namen dieser GmbH i. Gr. tätig sind. Hierbei ist zu beachten, dass die Haftungsabschirmung der GmbH im Rechtsverkehr noch nicht wirkt (da mangels Handelsregistereintragung noch nicht erkennbar für den Rechtsverkehr); dies führt dazu, dass die jeweils handelnden GmbH-Gründungs-Gesellschafter für sämtliche Verbindlichkeiten der GmbH i. Gr. persönlich und unbeschränkt haften (sog. Handelndenhaftung der

Vor-GmbH). Das Stammkapital der GmbH beträgt mindestens EUR 25.000,00, wobei allerdings die Einzahlung in Höhe von EUR 12.500,00 ausreicht mit der Folge, dass die Gesellschafter der Gesellschaft auf die restlichen EUR 12.500,00 haften.

Sollte die Gründung der GmbH aus zeitlichen Gründen keine Alternative darstellen, empfiehlt sich der Erwerb einer Vorratsgesellschaft.

▶    Ablauf der Gründung: Notarielle Beurkundung der Gründungsdokumente und Einreichung durch den Notar zum Handelsregister. Erst mit Eintragung in das Handelsregister ist die GmbH gegründet.

Die Unternehmergesellschaft (haftungsbeschränkt) – genannt UG – ist eine GmbH, bei der jedoch das eingetragene Stammkapital den Betrag von EUR 25.000,00 unterschreitet. Landläufig wird von der sog. 1-Euro-GmbH gesprochen. Abgesehen von Beschränkungen bei der Gestaltungsfreiheit in der Satzung und bestimmter Rücklageverpflichtungen gelten keine wesentlichen Sonderregelungen für die UG im Vergleich zur GmbH.

### 3.3.4    Kapital und Gesellschafter/Organe

#### 3.3.4.1 Stammkapital der GmbH

Die GmbH verfügt als juristische Person (wie die AG) über ein festgeschriebenes Haftkapital. Dieses als Stammkapital bezeichnete Haftkapital ist bei der Gründung aufzubringen und unterliegt den Kapitalerhaltungsvorschriften der §§ 30 ff. GmbHG.

Grundsätzlich muss das Kapital nicht in bar (durch Überweisung) aufgebracht werden – sog. Bargründung, sondern es kann auch durch Einbringung von entsprechenden Sachwerten (auch Forderungen) aufgebracht werden – sog. Sachgründung. Die Sachgründung ist etwas komplizierter als die Bargründung, da hier der Nachweis zu führen ist, dass die eingebrachte(n) Sache(n) den Wert des Stammkapitals darstellen.

Umgehungen der Grundsätze der Kapitalaufbringung und Kapitalerhaltung führen regelmäßig zu einer Haftung der Gesellschafter und womöglich zu Straftaten der Geschäftsführung.

#### 3.3.4.2 Organe der GmbH

Die Organe der GmbH sind die Gesellschafterversammlung und die Geschäftsführung. Die Gesellschafter sind – soweit sie nicht zugleich Geschäftsführer oder

Prokuristen oder sonst mit Vertretungsmacht ausgestattet sind – nicht zur Vertretung der GmbH berechtigt.

### 3.3.5  Corporate Governance – Führung und Vertretung

Die GmbH wird durch den oder die Geschäftsführer geführt und nach außen im Rechtsverkehr vertreten. Diese organschaftliche Vertretungsmacht im Außenverhältnis ist grundsätzlich nicht beschränkbar, der Geschäftsführer unterliegt allenfalls Weisungen im Innenverhältnis, §§ 35, 37 GmbHG. Da der Geschäftsführer den Weisungen der Gesellschafterversammlung unterworfen ist, sollten diese im Geschäftsführer-Dienstvertrag und/oder in einer Geschäftsordnung für die Geschäftsführung festgeschrieben sein. Beispielhaft könnten folgende Geschäftsführungsmaßnahmen in einer Geschäftsordnung für die Geschäftsführung der vorherigen Zustimmung der Gesellschafter unterworfen werden (ggf. zu ergänzen); ohne Zustimmung der Gesellschafterversammlung darf der Geschäftsführer folgende Maßnahmen nicht durchführen:

a. Unternehmensplanung und Budget,
b. Unternehmensverträge, Joint Ventures, Beteiligungserwerbe;
c. Arbeits- und Dienstleistungsverträge über EUR XXX p. a. hinaus;
d. Beraterverträge über EUR XXX p. a. hinaus;
e. Darlehensverträge, Kredite, Sicherheiten, Bürgschaften, Patronate;
f. Miet- und Pachtverträge;
g. Investitionen über EUR XXX im Einzelfall oder EUR XXX p. a. hinaus;
h. Erwerb von Wirtschaftsgütern über EUR XXX im Einzelfall oder EUR XXX p. a. hinaus;
i. Erwerb, Veräußerung, Belastung oder sonstige Verfügung von Aktien oder Gesellschaftsanteilen an Gesellschaften;
j. Veräußerung des Unternehmens der Gesellschaft ganz oder in Teilen;
k. Erwerb, Veräußerung, Belastung oder sonstige Verfügung von oder über Grundstücke und grundstücksgleiche Rechte oder die Verpflichtung hierzu;
l. Forderungsverzichte, soweit diese im Einzelfall EUR XXX übersteigen, und Abschreibungen auf Forderungen oder Forderungsverzichte von mehr als EUR XXX p. a., sofern nicht zwingendes Recht sie verlangt;
m. Abschluss von Verträgen mit Partnern sowie deren Angehörigen i. S. v. § 15 AO sowie mit Unternehmen, an denen die vorgenannten Personen mit mindestens XXX % unmittelbar oder mittelbar am Kapital oder den Stimmrechten beteiligt sind;

n. Einleitung und Beendigung von Rechtstreitigkeiten über EUR XXX im Einzelfall oder EUR XXX p. a. hinaus;

o. Erteilung und Widerruf von Prokuren sowie von Handlungsvollmachten für den gesamten Geschäftsbetrieb;

p. sonstige Rechtsgeschäfte über den ordentlichen Geschäftsgang der Gesellschaft hinaus; und

q. sonstige Themen der jeweiligen GmbH.

Zu beachten ist aber, dass diese Beschränkungen aus dem sog. Katalog der zustimmungspflichtigen Geschäfte nur im Innenverhältnis gelten und ein Verstoß hiergegen allenfalls den Geschäftsführer haftbar macht; im Außenverhältnis gegenüber Dritten sind solche Beschränkungen der Geschäftsführung unbeachtlich und entfalten keine Wirksamkeit für den Rechtsverkehr (es sei denn der Dritte wusste davon).

Gleichwohl besteht die Weisungsabhängigkeit der Geschäftsführung gegenüber der Gesellschafterversammlung als wichtiges Instrument der Corporate Governance. Insbesondere dies ist der Grund, warum die GmbH als Tochtergesellschaft im Konzern deutlich besser geeignet ist, als die AG, bei der der Vorstand weisungsunabhängig ist (siehe unten).

Der GmbH-Geschäftsführer kann jederzeit abberufen werden von seiner Organstellung, unabhängig von einem etwa bestehenden Dienstvertrag, § 38 Abs. 1 GmbHG.

Gegenüber dem Geschäftsführer wird die GmbH von der Gesellschafterversammlung vertreten (die wiederum einen Vertreter bestimmen kann).

### 3.3.6  Verkauf/Liquidation

### 3.3.6.1 Notarielle Beurkundung bei Anteilsveräußerungen

Geschäftsanteile an einer GmbH (sog. GmbH-Anteile) können nur in Form der notariellen Beurkundung übertragen werden. Der Grund hierfür liegt einerseits in der ursprünglichen gesetzgeberischen Intention, GmbH-Anteile nicht frei handelbar zu gestalten, andererseits in der besonderen Beweis-, Schutz-, und Warnfunktion einer notariellen Beurkundung.

Notare sind grundsätzlich zur neutralen Beratung der Parteien eines GmbH-Anteilsübertragungsvertrages verpflichtet.

### 3.3.6.2 Kündigung, Liquidation und Insolvenz

Sieht die Satzung der GmbH keine Kündigung durch den einzelnen Gesellschafter vor, so ist eine Kündigung ohne wichtigen Grund nicht möglich; dann bedarf es eines wichtigen Grundes. Im Einzelnen sind die Voraussetzungen an eine Kündigung aus wichtigem Grund umstritten und es wird in der Praxis stets in puncto Nachweis des wichtigen Grundes bzw. dessen Qualifikation als „wichtig" Schwierigkeiten geben. Daher sind ausdrücklich geregelte Kündigungsmöglichkeiten im Gesellschaftsvertrag der GmbH (sprich Satzung) ratsam.

Die Liquidation setzt neben dem Auflösungsbeschluss der Gesellschafter die Einhaltung des Verfahrens und der Liquidationsfrist von einem Jahr voraus (sog. Sperrjahr), in welchem die Gläubiger dreimal öffentlich aufgefordert werden müssen, ihre Forderungen geltend zu machen (z. B. im elektronischen Bundesanzeiger). Während der Abwicklung müssen die Liquidatoren eine Liquidationseröffnungsbilanz aufstellen, die bekannten Gläubiger befriedigen und nach Ablauf des Sperrjahres das etwaige Restvermögen durch eine Liquidationsschlussbilanz bestimmen und an die GmbH-Gesellschafter auskehren. Die Liquidation der GmbH ist daher entsprechend zeitaufwendig; ein wesentlicher Vorteil gegenüber der Insolvenz ist jedoch, dass die Person des Liquidators selbst bestimmt werden kann, wohingegen ein Insolvenzverwalter durch das Insolvenzgericht (Amtsgericht) bestimmt wird.

Die Insolvenz der GmbH richtet sich nach den allgemeinen insolvenzrechtlichen Regelungen. Hinzuweisen ist auf die Insolvenzantragspflicht der Geschäftsführung gemäß § 15a InsO und die strafrechtlichen Folgen einer etwaigen verspäteten Stellung eines Insolvenzantrages; die Pflicht zur Insolvenzantragstellung trifft im Falle der Führungslosigkeit die Gesellschafter.

## 3.4   GmbH & Co. KG

Die GmbH & Co. KG ist eine Kommanditgesellschaft. Sie wird nur aus didaktischen Gründen im Kapitelverlauf nach der GmbH erläutert.

Die GmbH & Co. KG ist eine KG, bei der der Komplementär keine natürliche Person ist, sondern eine GmbH. Der persönlich haftende Gesellschafter (phG) wird also nicht ein Mensch, sondern eine GmbH, die – wie gezeigt – wiederum nur mit ihrem Gesellschaftsvermögen haftet. Damit wird erreicht, dass kein Gesellschafter der GmbH & Co. KG unbeschränkt haften kann.

Abb. 3.5 zeigt die Struktur der GmbH & Co. KG.

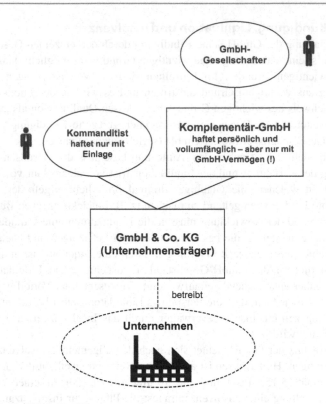

**Abb. 3.5**  GmbH & Co. KG

### 3.4.1  Gründung

Die Gründung der GmbH und Co. KG entspricht der Gründung der KG, voraus-
gesetzt, die Komplementär-GmbH besteht bereits; andernfalls ist zunächst die
Komplementär-GmbH zu gründen und sodann die GmbH & Co. KG. Sollte dies
zu langwierig sein, empfiehlt sich der Erwerb einer Vorratsgesellschaft.

### 3.4.2  Kapital und Gesellschafter/Organe

Hinsichtlich der Komplementär-GmbH bestehen keine GmbH-rechtlichen Besonderheiten. Das Verhältnis zwischen Komplementär-GmbH und Kommanditist(en)
ist rein KG-rechtlich zu betrachten.

### 3.4.3  Corporate Governance – Führung und Vertretung

Die KG wird vom persönlich haftenden Gesellschafter (Komplementär) geführt und nach außen vertreten im Rechtsverkehr; im Falle der GmbH/& Co. KG ist dies die Komplementär-GmbH – die Komplementär-GmbH wird wiederum durch ihren Geschäftsführer vertreten.

Um die Anzahl an Gesellschaftern zu reduzieren, wurde das Modell der sog. Einheitsgesellschaft erfunden. Hierbei ist der Gesellschafter der Komplementär-GmbH identisch mit dem Kommanditisten der GmbH & Co. KG. In den Gesellschaftsverträgen der GmbH und der GmbH & Co. KG werden gegenseitig aufeinander Bezug nehmende Regelungen verankert, sodass der Kommanditist faktisch die Geschäftsführung der GmbH & Co. KG übernimmt.

Abb. 3.6 zeigt die Struktur der Einheits-GmbH & Co. KG.

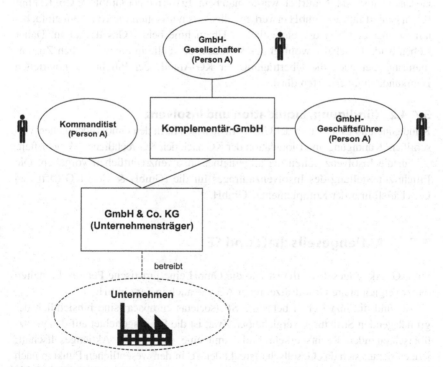

**Abb. 3.6**  Einheitsgesellschaft

### 3.4.4    Verkauf/Liquidation und Insolvenz

#### 3.4.4.1 Veräußerung der GmbH & Co. KG

Im Verkaufsfalle ist zu beachten, dass sowohl die Anteile an der KG als auch die Anteile an der GmbH zu übertragen sind. KG-Anteile können formfrei übertragen werden und daher reicht hier ein privatschriftlicher Anteilskaufvertrag aus. Allerdings können – wie gezeigt – Anteile an der GmbH nur mittels notarieller Beurkundung übertragen werden. Nun wäre es denkbar und aus Kostenerwägungen heraus womöglich sinnvoll, beide Anteile getrennt voneinander zu übertragen und nur die Anteile an der Komplementär-GmbH notariell beurkundet zu übertragen; da die Komplementär-GmbH in der Regel nur eine Hülle bzw. Zweckgesellschaft ist und die wahren Werte in der KG liegen, wäre dieser Weg hinsichtlich der Notargebühren durchaus interessant. Allerdings spricht hiergegen der sog. Grundsatz der Gesamtbeurkundung, wonach sich die Beurkundungspflicht eines Geschäftes auch auf alle mit diesem Geschäft in unmittelbarem Zusammenhang stehenden Geschäfte auswirkt. Natürlich würde man beim Erwerb einer GmbH & Co. KG nur selten isoliert nur die GmbH erwerben, allenfalls nur isoliert die KG – am einfachsten ist aber der Weg der einheitlichen Übernahme beider Gesellschaften. Daher stehen beide Geschäfte wohl in der Mehrzahl der Fälle in einem solchen Zusammenhang, der auch die Übertragung der KG-Anteile der Pflicht zur notariellen Beurkundung unterwerfen dürfte.

#### 3.4.4.2 Kündigung, Liquidation und Insolvenz

Kündigung und Liquidation der GmbH richten sich nach den GmbH-rechtlichen Vorschriften; Kündigung und Liquidation der KG nach den KG-rechtlichen Vorschriften.

Für die Insolvenz gelten die allgemeinen insolvenzrechtlichen Vorgaben. Die Pflicht zur Stellung des Insolvenzantrages für die (GmbH & Co.) KG trifft den Geschäftsführer der Komplementär-GmbH.

## 3.5    Aktiengesellschaft und SE

Die AG (Aktiengesellschaft) ist wie die GmbH eine juristische Person. Es gelten daher vergleichbare Grundsätze in der AG wie auch in der GmbH.

AG und die inzwischen bekannte SE (societas europaea) sind hinsichtlich der grundlegenden Strukturen vergleichbar. Zwar ist die SE ausgerichtet auf den grenzüberschreitenden Rechtsverkehr und damit eine europäische Aktiengesellschaft; jedoch richtet sich das Gesellschaftsrecht der SE in den wesentlichen Punkten nach dem nationalen Recht und daher ist eine deutsche SE einer deutschen AG in ihren Wesenszügen vergleichbar und gemeinsam mit dieser zu erläutern.

## 3.5.1  Aktiengesellschaft als Publikumsgesellschaft

Die AG unterscheidet sich von ihrem Wesen und ihrer Struktur aufgrund eines wesentlichen Merkmales von sämtlichen anderen Gesellschaften. Nur die Aktiengesellschaft ist von ihrer Natur nach als Gesellschaft mit einer Vielzahl wechselnder Gesellschafter ausgerichtet. Eben die üblicherweise große Anzahl an Aktionären und der reibungslose Wechsel im Aktionärskreis (z. B. durch den Börsenhandel der Aktien) erfordern gewisse Grundentscheidungen in puncto Kontrolle und Mitwirkung der einzelnen Gesellschafter. Der Aktionär ist daher nicht nur Gesellschafter, sondern auch Kapitalgeber und daher wird von der sog. Hybrid-Rolle des Aktionärs gesprochen. Bestimmte Informationsrechte oder Einflussnahmerechte stehen daher dem Aktionär nicht zu, die aber beispielsweise einem GmbH-Gesellschafter oder einem GbR-Gesellschafter natürlich zustehen.

Dies hat schlicht praktische Gründe: Stelle man sich vor, der Vorstand eines DAX-Konzerns wäre im Tagesgeschäft an die Weisungen der Aktionäre gebunden, die jeweils durch Abhaltung einer Hauptversammlung inhaltlich abzustimmen und sodann zu kommunizieren wären. Dies ist bereits aus Praktikabilitätserwägungen nicht möglich und daher auch nicht gewollt. Wenngleich der einzelne Aktionär nicht rechtlos oder gar schutzlos ist, sehen Gesetz und Rechtsprechung doch klare Grenzen der unternehmerischen Teilhabe und Mitentscheidung.

## 3.5.2  Gründung

Die Gründung der Aktiengesellschaft erfolgt durch notarielle Beurkundung des Gründungsaktes einschließlich der Satzung und der Übernahme der Aktien nebst Wahl des ersten Aufsichtsrates durch die Aktionäre und Bestellung des Vorstandes durch den Aufsichtsrat. Diese Gründungsurkunden sind durch den beurkundenden Notar in das Handelsregister einzureichen. Die Gründung erfolgt erst mit Eintragung der AG in das Handelsregister. Zuvor besteht allenfalls eine Vorgesellschaft, siehe hierzu die Erläuterungen zur GmbH. Der Zeitablauf der Gründung einer AG ist mit dem der GmbH vergleichbar. In dringenden Fällen sollte eine Vorratsgesellschaft erworben werden.

▶   Ablauf der Gründung: Notarielle Beurkundung der Gründungsdokumente und Einreichung durch den Notar zum Handelsregister. Erst mit Eintragung in das Handelsregister ist die Gesellschaft gegründet.

### 3.5.3    Kapital und Aktionäre/Organe

### 3.5.3.1  Kapital der AG – Grundkapital

Die Aktiengesellschaft hat ein Grundkapital von EUR 50.000,00. Hiervon muss bei Gründung ein Viertel eingezahlt werden. Sacheinlagen sind möglich.

Dieses Kapital ist – wie bei der GmbH – als Haftkapital für die Gläubiger gedacht. Denn die Aktionäre der AG haften nicht persönlich, sondern lediglich mit ihrer Einlage, d. h. mit ihrem für die Aktien aufgebrachten Anteil am Grundkapital. Damit hierdurch der Schutz der Gläubiger nicht ausgehöhlt werden kann, gilt auch in der AG der Grundsatz der Kapitalaufbringung sowie der Grundsatz der Kapitalerhaltung. Das Grundkapital der AG muss zunächst bei Gründung aufgebracht werden, um die Haftungsprivilegierung der Aktionäre zu bewirken. Sodann darf das Grundkapital den Aktionären nicht wieder ausgeschüttet werden (ausgenommen Kapitalherabsetzung mit Handelsregistereintragung). Letzteres ist auch ein Grund, warum Cash-Pooling-Verträge mit Aktiengesellschaften als Tochtergesellschaften stets kritisch zu betrachten sind.

### 3.5.3.2  Organe der AG

Die AG verfügt über drei Organe: 1) die Hauptversammlung der Aktionäre, 2) den Vorstand und 3) den Aufsichtsrat.

Abb. 3.7 zeigt die Organe der Aktiengesellschaft.

Die Aktionäre üben ihr Informationsrecht und ihr Stimmrecht in der Hauptversammlung aus. Dort wählen die Aktionäre auch den Aufsichtsrat. Der Aufsichtsrat wiederum bestellt und kontrolliert den Vorstand.

Aufsichtsratsmitglieder üben ihr Amt unabhängig und höchstpersönlich aus. Natürlich werden häufig von Großaktionären Personen gewählt, von denen eine gewisse Kooperationsbereitschaft anzunehmen ist.

Bei kapitalmarktorientierten oder börsennotierten Aktiengesellschaften muss zumindest ein Aufsichtsratsmitglied besondere Rechnungslegungskenntnisse haben, § 100 Abs. 5 AktG.

### 3.5.4    Corporate Governance – Führung und Vertretung

Die AG wird durch den Vorstand vertreten und der Vorstand führt daher die Geschäfte der AG. Der Vorstand wird dabei vom Aufsichtsrat beraten und kontrolliert. Üblicherweise gibt der Aufsichtsrat dem Vorstand eine Geschäftsordnung, in der unter anderem die sog. zustimmungspflichtigen Geschäfte geregelt sind; solche Geschäftsführungsmaßnahmen durch den Vorstand bedürfen der vorherigen Zustimmung des Aufsichtsrates.

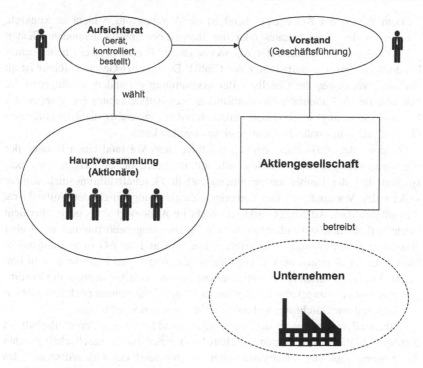

**Abb. 3.7** Organe Aktiengesellschaft

Nur grundlegende Geschäfte muss der Vorstand zuvor der Hauptversammlung, sprich den Aktionären, vorlegen. Dies hat seinen Grund darin, dass die Beratungs- und Kontrollfunktion in der AG eben nicht bei den Aktionären als Gesellschafter liegen soll, sondern von diesen aus Gründen der Praktikabilität auf den hierzu durch die Aktionäre gewählten Aufsichtsrat delegiert worden ist.

Neben den in § 119 AktG aufgezählten wenigen Kompetenzen der Hauptversammlung (z. B. Wahl des Aufsichtsrates, Feststellung des Jahresabschlusses etc.) existieren daher nur wenige sog. ungeschriebene Hauptversammlungszuständigkeiten, die von der Rechtsprechung gefasst worden sind (Stichwort: Holzmüller-Doktrin des BGH). Als wesentlicher Merkposten ist zu betonen, dass nur Grundlagengeschäfte durch die Hauptversammlung zuvor zu genehmigen sind. Sämtliche anderen Geschäfte darf der Vorstand ggf. nach Zustimmung des Aufsichtsrates tätigen.

Dem Wesen der AG entsprechend ist der Vorstand auch nicht an konkrete Weisungen des Aufsichtsrates oder der Hauptversammlung gebunden. Gemäß § 76 AktG ist der Vorstand der AG weisungsfrei. Hierin liegt ein bedeutsamer Unterschied zum Geschäftsführer der GmbH: Der GmbH-Geschäftsführer ist an konkrete Weisungen der Gesellschafterversammlung gebunden, wohingegen der Vorstand der AG allenfalls die Zustimmung des Aufsichtsrates (oder selten der Hauptversammlung) in einzelnen Fällen einholen muss, aber nicht zu konkreten Geschäftsführungsmaßnahmen angewiesen werden kann.

Zwar ist der Aufsichtsrat der AG gehalten, dem Vorstand einen Katalog der sog. zustimmungspflichtigen Geschäfte aufzuerlegen; dieser Katalog (wie beispielhaft bei der GmbH ausformuliert) enthält Geschäftsführungsmaßnahmen, welche der Vorstand nur mit vorheriger Zustimmung durch den Aufsichtsrat durchführen darf. Allerdings wirkt dies nicht im Außenverhältnis gegenüber dem Rechtsverkehr und stellt überdies nur ein Zustimmungsbedürfnis dar, nicht aber eine Möglichkeit Weisungen zu erteilen. Der Vorstand der AG ist weisungsunabhängig. Er ist allenfalls im Innenverhältnis gezwungen, bei bestimmten von ihm bezweckten Geschäften die Hauptversammlung oder den Aufsichtsrat um Zustimmung zu bitten – umgekehrt können weder Hauptversammlung noch Aufsichtsrat den Vorstand zur Durchführung konkreter Maßnahmen verpflichten.

Insbesondere dies macht die AG weniger attraktiv als Tochtergesellschaft im Konzern als die GmbH. Einen Geschäftsleiter einer Tochtergesellschaft möchte die Konzern-Holding selbstverständlich entsprechend der Geschäftspolitik im Konzern anweisen können; ein weisungsunabhäniger Tochter-AG-Vorstand kann hier erheblichen Reibungsaufwand verursachen (z. B. Verweigerung der Teilnahme an einem Konzern-Cash-Pool). Die Weisungsunabhängigkeit wird im Konzern (Vertragskonzern) durch einen Beherrschungs- und Gewinnabführungsvertrag jedoch aufgehoben.

Natürlich ist der Vorstand der AG verpflichtet, entsprechend der Sorgfalt eines ordentlichen und gewissenhaften Geschäftsleiters zum Wohle der Gesellschaft und auf hinreichender Informationsgrundlage zu handeln. Verstößt der Vorstand hiergegen, ist er gegenüber der AG haftbar auf Schadenersatz.

Ebenso kann der Aufsichtsrat den Vorstand abberufen aus wichtigem Grund, § 84 Abs. 3 Satz 1 AktG. Dies ist wohl das einzige Druckmittel. Auch hier ein wesentlicher Unterschied zur GmbH: Der GmbH-Geschäftsführer kann jederzeit von seinem Amt abberufen werden, § 38 Abs. 1 GmbHG.

Gegenüber dem Vorstand wird die AG durch den Aufsichtsrat vertreten (der wiederum aus seiner Mitte einen Vertreter bestimmen kann).

## 3.5.5 Verkauf/Liquidation und Insolvenz

### 3.5.5.1 Verkauf von Aktien und Börsenhandel

Aktien können formfrei übertragen werden – es bedarf noch nicht einmal eines schriftlichen Vertrages; die Übertragung erfolgt durch Abtretung gemäß § 398 BGB bei nicht verbrieften Aktien (sonst Indossament).

Die freie Handelbarkeit ist die Voraussetzung für das Funktionieren des Aktienhandels an der Börse. Es wäre kaum möglich, Börsenhandel mit Aktien zu betreiben, wenn jedes Geschäft durch einen schriftlichen Vertrag dokumentiert werden müsste. Allerdings werden heutzutage die Transaktionen in Aktiendepots durch Depot-Dokumentation nachgehalten bei den Depotführern (in der Regel Banken) – eine Wirksamkeitsvoraussetzung für die Übertragung von Aktien ist dies jedoch nicht.

Im Bereich des Unternehmenskaufs oder des Verkaufes großer Aktienpakete ist häufig gewünscht, dass die vom Verkäufer bestellten Aufsichtsratsmitglieder im Zuge der Transaktion ihr Mandat niederlegen sollen bzw. bestimmte Beschlüsse fassen sollen (oft als Closing Condition gedacht); hier ist zu beachten, dass auch entsandte Aufsichtsratsmitglieder ihr Amt persönlich und unabhängig ausüben und daher Käufer und Verkäufer bei der Transaktionsplanung auf die Kooperationsbereitschaft der Aufsichtsratsmitglieder angewiesen sind.

Das Überschreiten bestimmter Beteiligungshöhen ist offenzulegen. Bei nicht börsennotierten AGs ist dem Vorstand ein Überschreiten der Schwellen von 25 % und 50 % sowie deren Unterschreiten der Gesellschaft anzuzeigen, § 20 AktG. Bei börsennotierten Gesellschaften ist der Gesellschaft und der Bafin das Überschreiten oder Unterschreiten von der Schwellen von 3 %, 5 %, 10 %, 15 %, 20 %, 25 %, 30 %, 50 % und 75 % zu melden (§ 21 WpHG) und durch die Gesellschaft zu veröffentlichen als adhoc-Mitteilung (§ 26 WpHG).

Das Überschreiten einer Beteiligung von 30 % an einer börsennotierten AG löst in der Regel die Pflicht zur Abgabe eines Übernahmeangebotes nach dem WpÜG aus.

### 3.5.5.2 Kündigung, Liquidation und Insolvenz

Die Aktiengesellschaft ist als Publikumsgesellschaft ausgelegt auf eine Vielzahl von Aktionären. Die Person des Einzelnen soll gerade für den Bestand der Gesellschaft nicht entscheidend sein. Daher ist grundsätzlich eine Kündigung durch einen Aktionär nicht vorgesehen; dem Aktionär bleibt die Veräußerung der Aktie(n).

Die Liquidation verläuft vergleichbar zur Liquidation der GmbH. Nach Auflösungsbeschluss werden die Liquidatoren bestellt, welche die Schulden der AG zu
begleichen haben und das etwaig verbleibende Vermögen den Aktionären auszu-
kehren haben. Auch bei der AG gilt für den Gläubiger-Aufruf das sog. Sperrjahr,
in welchem die Gläubiger dreimal öffentlich zur Geltendmachung ihrer Forderungen aufgerufen werden müssen (z. B. im elektronischen Bundesanzeiger).

Die Insolvenz der AG richtet sich nach den allgemeinen insolvenzrechtlichen
Regelungen. Hinzuweisen ist auf die Insolvenzantragspflicht des Vorstandes
gemäß § 15a InsO und die strafrechtlichen Folgen einer etwaigen verspäteten
Stellung eines Insolvenzantrages.

## 3.6    Stiftung

Stiftungen erfreuen sich derzeit wieder einer begrüßenswerten Beliebtheit.
Erfreulich ist dies insbesondere aus Gründen der Gesellschaftspolitik und der
volkswirtschaftlichen Betrachtung. Zeigt dies doch eine Bereitschaft, gemeinnützig tätig zu sein.

Indes ist nicht jede Stiftung gemeinnützig. Wirtschaftliche Stiftungen existieren ebenso wie die wohltätigen Stiftungen aus beispielsweise dem sozialen oder
kulturellen Bereich.

Derzeit zählt Deutschland über 21.800 Stiftungen, wobei 2016 über 500 neue
Stiftungen errichtet wurden sind; das Stiftungsvermögen beträgt schätzungsweise
insgesamt EUR 100 Mrd. und rund 95 % aller Stiftungen in Deutschland sind
gemeinnützig (Bundesverband Deutscher Stiftungen 2017).

### 3.6.1    Sinn und Zweck, Gründung

#### 3.6.1.1  Sinn und Zweck
Wer eine Stiftung errichtet, sollte sich mit dem Modell der Stiftung nach deutschem Recht gründlich auseinandersetzen. Für Stiftungen gilt eine Art Ewig-
keitsgarantie und Stiftungen sind in aller Regel unabhängig vom Stifter und
dessen Willen, sobald die Stiftung wirksam gegründet worden ist. Dies schafft
eine Unabhängigkeit von der Person des Stifters und die Stiftung kann daher den
Stifter „überleben" (was auch gewollt ist). Der Stifter kann einmal als Stiftungsvermögen bezeichnete und in die Stiftung eingebrachte Wertgegenstände nicht
einfach wieder aus der Stiftung entnehmen.

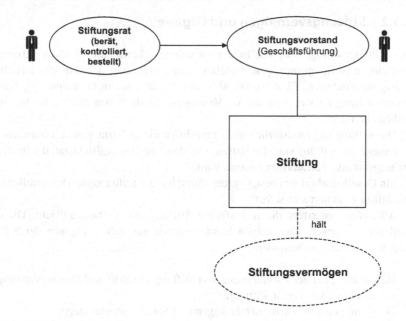

**Abb. 3.8**  Struktur der Stiftung

Eine Stiftung nach deutschem Recht ist dabei nicht dem US-Amerikanischen Modell des sog. Trust oder Family Trust vergleichbar. Stiftungen in Deutschland können zwar auch Familienstiftungen sein, unterliegen aber sehr strengen Auflagen und strikten Regelungen hinsichtlich der Nutzung und Verwendung des Stiftungsvermögens und sind daher gerade nicht geeignet, Familienvermögen lediglich für eine gewisse Zeit zu „blockieren", bis beispielswiese die Erben volljährig oder hinreichend qualifiziert sind.

Abb. 3.8 zeigt die Struktur der Stiftung.

### 3.6.1.2 Gründung

Der Stiftungsakt stellt das Errichten der Stiftung mittels notarieller Urkunde dar. Der oder die Stifter(in) überlässt Werte der Stiftung im Wege der Eigentumsübertragung ohne Gegenleistung – das sogenannte Stiftungsgeschäft. Zusätzlich wird die Stiftungssatzung beurkundet, welche die zentralen Regelungen der Stiftung enthält.

## 3.6.2    Stiftungsvermögen und Organe

Die Stiftung verfügt über das in der Gründungsurkunde und Stiftungssatzung bezeichnete Stiftungsvermögen, welches nach Auffassung der Stiftungsaufsicht in Bayern mindestens EUR 50.000,00 betragen sollte, sofern nicht eine sog. Verbrauchsstiftung bezweckt ist, die ihr Vermögen innerhalb von „nur" zehn Jahren verbrauchen darf.

Die Stiftung ist grundsätzlich nicht berechtigt, dieses Vermögen zu veräußern.

Organe der Stiftung sind der Stiftungsvorstand und ein Aufsichtsrat, der häufig Stiftungsrat oder Kuratorium genannt wird.

Ein Gesellschafterkreis besteht nicht. Auch hat der Stifter keine Organstellung. Die Stiftung „gehört sich selbst".

Allerdings untersteht die rechtsfähige Stiftung der Stiftungsaufsicht. Diese wird von der jeweils zuständigen Landesbehörde ausgeübt. Aufgaben der Stiftungsaufsicht sind insbesondere:

- Hilfestellung bei der Formulierung von Stiftungsgeschäft und Stiftungssatzung
- Anerkennung von neuen Stiftungen
- Genehmigung von Satzungsänderungen und Satzungsneufassungen
- Prüfung und Genehmigung von genehmigungspflichtigen Rechtsgeschäften
- Prüfung von Jahresrechnungen
- Ausstellung von Vertretungsbestätigungen
- Stiftungsrechtliche Beratung

## 3.6.3    Corporate Governance – Führung und Vertretung

Geschäftsführung und Vertretung der Stiftung obliegen dem Stiftungsvorstand in Abstimmung mit dem Stiftungsrat bzw. Kuratorium entsprechend den Vorgaben der Stiftungssatzung. Häufig ist in Stiftungssatzungen geregelt, welche Geschäfte der Vorstand ohne Konsultation bzw. Zustimmung des Stiftungsrates bzw. Kuratoriums tätigen darf und welche Geschäfte der Stiftung eben einer solchen Zustimmung bedürfen.

Auch ist zu beachten, dass die Stiftung und bestimmte Rechtsgeschäfte der Zustimmung der zuständigen Aufsichtsbehörde bedürfen (sog. Stiftungsaufsicht).

### 3.6.4 Verkauf/Liquidation/Insolvenz

Da eine Stiftung keinen Gesellschafter hat, kann diese auch nicht veräußert werden. Ein Verkauf scheidet also aus. Zu einer Liquidation einer Stiftung wird es in aller Regel nur in Einvernehmen mit der zuständigen Aufsichtsbehörde (Stiftungsaufsicht) kommen. Die Insolvenz richtet sich jedoch nach den allgemeinen insolvenzrechtlichen Vorschriften.

# Der Gesellschaftsvertrag

# 4

**Was wird warum an welcher Stelle geregelt?**
Wird der Gesellschaftsvertrag vom Rechtsanwalt oder Notar (oder gar vom Steuerberater) vorgegeben? Richtig ist, dass ein Gesellschaftsvertrag nicht ohne anwaltlichen Rat abgeschlossen werden sollte, und aufgrund der Formzwänge im GmbH-Recht und Aktienrecht ist dies auch aus gutem Grund ohne notarielle Beurkundung nicht möglich. Allerdings sind diese Dokumente immer nur so gut wie der Input der zukünftigen Gesellschafter; denn die wesentlichen Themen des Gesellschaftsvertrages können auch die juristischen Laien sehr gut umreißen und damit ihren Beratern aufzeigen, worauf es ihnen wirklich ankommt.

## 4.1    Gliederung des Gesellschaftsvertrages

Nahezu jeder Gesellschaftsvertrag einer Personengesellschaft, Personenhandelsgesellschaft oder GmbH folgt in seiner Gliederung dem folgenden ungefähren Schema (AG, SE und Stiftung weichen hiervon ab).

- Präambel
- Firma, Gegenstand der Gesellschaft/Unternehmensgegenstand
- Sitz, Dauer, Geschäftsjahr
- Organe der Gesellschaft
- Kapital, Einlagen, Gesellschafter
- Geschäftsführung und Vertretung
- Gesellschafterversammlungen, Beschlussfassung und Mehrheiten
- Gewinne und Verluste der Gesellschaft und deren Verwendung
- Übertragung von Anteilen und Belastung von Anteilen
- Kündigung, Erbfall und Einziehung von Anteilen

© Springer Fachmedien Wiesbaden GmbH 2018
C. Engelhardt, *Gesellschaftsrecht*, essentials,
https://doi.org/10.1007/978-3-658-20061-9_4

- Abfindung
- Wettbewerbsverbot
- Beirat, Aufsichtsrat, Investment Committee
- Verschiedenes
- Schlussbestimmungen

## 4.2 Erläuterungen zu den einzelnen Regelungen des Gesellschaftsvertrages

### 4.2.1 Präambel

Die Präambel ist nicht zwingend erforderlich. Hier können die Gesellschafter jedoch ihre grundlegenden Motivlagen bei Gründung der Gesellschaft niederlegen. In einer Präambel wird beispielsweise die Rolle der einzelnen Gesellschafter und das mit der Gesellschaftsgründung allgemein angestrebte Ziel umrissen.

### 4.2.2 Firma, Gegenstand der Gesellschaft/ Unternehmensgegenstand

Die Firma ist der Name der Gesellschaft. Hierbei sollte auf etwaige Markenrechtsverletzungen bzw. bereits bestehende Firmen ähnlicher oder gleicher Anmutung hinreichend geachtet werden, um nicht nachträglich die Firma durch eine Änderung des Gesellschaftsvertrages wieder ändern zu müssen.

Der Unternehmensgegenstand bzw. der Zweck der Gesellschaft beschreibt die konkrete Tätigkeit der Gesellschaft. Hieran ist die Geschäftsführung gebunden und der Zweck sollte sorgsam gewählt werden bzw. eine Öffnungsklausel enthalten, die weitere Ausgestaltungen ermöglicht.

Es empfiehlt sich, sich bei Gesellschaften mit Handelsregistereintragung (OHG; KG; GmbH; GmbH & Co. KG, AG) bei Wahl der Firma und des Unternehmenszweckes vor Gründungsakt mit der örtlich zuständigen Industrie- und Handelskammer abzustimmen. Häufig kann man Anfragen per E-Mail stellen und erhält innerhalb kurzer Frist (erfahrungsgemäß wenige Stunden oder Tage) eine Unbedenklichkeitsbescheinigung. Diese wird mit der Gründung ebenfalls dem Handelsregister eingereicht und macht dort eine Prüfung unnötig und beschleunigt den Vorgang der Handelsregistereintragung.

### 4.2.3   Sitz, Dauer, Geschäftsjahr

Sitz der Gesellschaft ist der Ort (politische Gemeinde), an welchem die Gesellschaft ihren Hauptsitz und ihre Verwaltung hat. Der Sitz der Gesellschaft ist unter anderem aus Gesichtspunkten der Gewerbesteuer relevant, da es sich hierbei um eine Steuer handelt, die von den Kommunen erhoben wird und deren Höhe relevant abweichen kann.

Üblicherweise werden Gesellschaften auf unbestimmte Dauer geschlossen. Nur in Ausnahmefällen erscheint es sinnvoll, eine Gesellschaft auf eine bestimmte Dauer zu befristen, da die Gesellschaft dann mit Ende der Dauer automatisch beendet ist.

Ob als Geschäftsjahr das Kalenderjahr oder ein hiervon abweichender Zeitraum gewünscht ist, hängt in aller Regel von entweder dem Marktumfeld der Gesellschaft ab (z. B. saisonal) oder von bestimmten Vorgaben der Gesellschafter, z. B. mit ihrerseits abweichendem Geschäftsjahr.

### 4.2.4   Organe der Gesellschaft

Je nach Art der Gesellschaft wird hier geregelt, welche Organe die Gesellschaft hat. Soll die Gesellschaft ein Organ haben, das gesetzlich nicht geregelt ist, wie beispielsweise einen Beirat oder ein Investment Committee oder einen freiwilligen Aufsichtsrat, so ist dies hier zu regeln.

### 4.2.5   Kapital, Einlagen, Gesellschafter

Je nach Art der Gesellschaft wird an dieser Stelle geregelt, wer welche Leistungen in welchem Umfang zu erbringen hat. Es kann beispielsweise festgelegt werden, dass ein Gesellschafter seine Einlage als Bareinlage (durch Überweisung von Geld) und ein anderer Gesellschafter seine Einlage als Sacheinlage (durch Übereignung einer Sache – z. B. Maschine) erbringt. Auch wird die Beteiligungshöhe hier festgeschrieben und womöglich festgelegt, wer überhaupt Gesellschafter sein kann (Familienangehörige bei Familiengesellschaften, Steuerberater bei StB-Gesellschaften etc.).

## 4.2.6   Geschäftsführung und Vertretung

Geschäftsführung und Vertretung sind möglichst ausdrücklich in ihrem Umfang zu regeln. Häufig wird der Geschäftsführung ein bestimmter Rahmen bzw. Handlungsspielraum zugemessen und flankierend dazu ein Katalog der sog. zustimmungspflichtigen Geschäfte erstellt; Geschäfte in diesem Katalog darf dann die Geschäftsführung nur mit vorheriger Zustimmung der Gesellschafter durchführen (z. B. Eingehen von Verbindlichkeiten in bestimmter Höhe etc.).

## 4.2.7   Gesellschafterversammlungen, Beschlussfassung und Mehrheiten

Es sollten die Modalitäten der Gesellschafterversammlung (Ort, Zeit, Einladungsfrist, Vorsitz, Protokoll) sowie die Art und die Gegenstände der Beschlussfassung (z. B. auch per E-Mail oder Telefonkonferenz) sowie die für die Beschlussfassung erforderlichen Mehrheiten geregelt werden. Auch sollte geregelt werden, ab welcher Präsenz eine Gesellschafterversammlung überhaupt beschlussfähig ist und in welchem Zeitraum eine Wiederholung mit anderer Präsenz erfolgen kann. Es kann beispielsweise vereinbart werden, dass bestimmte Beschlussgegenstände bestimmte Mehrheiten erfordern, oder es können einzelnen Gesellschaftern zu bestimmten Themen auch Veto-Rechte eingeräumt werden.

## 4.2.8   Gewinne und Verluste der Gesellschaft und deren Verwendung

Ziel jeder Unternehmung ist die Erwirtschaftung von Gewinnen. Möglich sind natürlich auch Verluste. Die Gesellschafter sollten regeln, wann und wie der Jahresabschluss aufzustellen und festzustellen ist und wie die Ergebnisverwendung bzw. Ergebniszuweisung erfolgen soll. Dabei kann in bestimmten Grenzen von den tatsächlichen Anteilsverhältnissen abgewichen werden bzw. kann einigen Gesellschaftern ein Vorabgewinn (unter Anrechnung auf den späteren Gewinnanspruch) gewährt werden, was häufig bei jüngeren geschäftsführenden Gesellschaftern vereinbart wird, um die unterjährige Lebenshaltung zu gewährleisten.

### 4.2.9 Übertragung von Anteilen und Belastung von Anteilen

Nicht nur das Gesetz kennt unter Umständen bestimmte Voraussetzungen für die Übertragung oder Belastung von Anteilen (z. B. Verpfändung, Unterbeteiligung). Häufig ist in Gesellschaftsverträgen auch geregelt, dass Übertragungen und Belastungen der Zustimmung der übrigen Gesellschafter – mehrheitlich oder einstimmig – bedürfen. Ist die Übertragung von Anteilen an die Zustimmung der Gesellschafter oder der Gesellschaft geknüpft, spricht man von einer Vinkulierung der Anteile. Solch eine Vinkulierung hat insbesondere da ihre Berechtigung, wo die einzelnen Gesellschafter aufgrund ihrer individuellen Fähigkeiten oder Kenntnisse etc. gefragt sind, und man eben nicht mit „jedermann" in einer Gesellschaft sein möchte. Beispielhaft zu nennen sind hier zwei plakative Fälle: 1) In einem Joint Venture zweier Unternehmen ist es klar, dass eben nur diese beiden Joint-Venture-Partner die Anteile halten dürfen bzw. dass ein Anteilswechsel auf einen Dritten stets der vorherigen Zustimmung des jeweils anderen Joint-Venture-Partners bedarf; 2) bei der Finanzierung von Gründern im Bereich Start-up/Venture Capital sind für den Finanzier der oder die Gründer(innen) von essentieller Bedeutung, und diese Personen können nur mit Zustimmung des Finanziers aussteigen.

### 4.2.10 Kündigung, Erbfall und Einziehung von Anteilen

Keine Gesellschaft ist auf Ewigkeit ausgelegt. Es sollten daher Umstände erwogen und Fälle geregelt werden, die eine Kündigung durch einen Gesellschafter selbst oder durch die übrigen Gesellschafter ihm gegenüber rechtfertigen. Verliert beispielsweise in einer Rechtsanwaltsgesellschaft ein Gesellschafter seine Zulassung als Rechtsanwalt, so kann er nicht mehr Gesellschafter bleiben.

Auch der Erbfall sollte bedacht werden, und es sollte festgelegt werden, ob die Erben Gesellschafter werden dürfen, oder ob im Erbfall der oder die betroffenen Anteile eingezogen werden mit einer finanziellen Abfindung für die Erben.

Es mag in bestimmten Situationen eine Ehescheidung ein ähnliches Interesse hervorrufen.

## 4.2.11  Abfindung

Wer aus der Gesellschaft ausscheidet ohne Verkauf (aufgrund Kündigung oder Einziehung – freiwillig oder zwangsweise), dem steht Anspruch auf Abfindung des Wertes seiner Anteile zu. Im Einzelnen wird hier zu unterscheiden sein zwischen dem sog. good leaver und dem sog. bad leaver. Wer selbst kündigt im Einvernehmen, wird eine höhere Abfindung erhalten als der Gesellschafter, von dem man sich gegen dessen Willen trennt und der damit zwangsweise ausscheidet. Die Rechtsprechung zieht hier jedoch Grenzen bezüglich der Unterscheidung in der Höhe der Abfindung. Beispielsweise ist es regelmäßig unzulässig, einen zwangsweise ausscheidenden Gesellschafter ohne jegliche Abfindung oder mit nur einem geringen Teil des wirklichen wirtschaftlichen Wertes seines Anteils abzufinden.

## 4.2.12  Wettbewerbsverbot

Häufig sind die einzelnen Gesellschafter nicht zu 100 % für die zu gründende Gesellschaft tätig, sondern verfolgen auch neben der Gesellschaft noch Ziele bzw. betreiben Unternehmen. Dies ist üblich und auch legitim. Gesellschafter sind Unternehmer und keine Arbeitnehmer. Häufig ist es sogar gewünscht, dass ein Gesellschafter gerade seine Expertise aus seinen weiteren Unternehmungen mit in die zu gründende Gesellschaft einbringt.

In diesem Fall ist es jedoch tunlich, über Wettbewerbsverbote im konkreten Fall nachzudenken. Denn der Gesellschafter sollte nicht direkt in Wettbewerb mit der Gesellschaft treten dürfen bzw. sollten bestimmte Betätigungen ausdrücklich erlaubt sein. Je genauer die Wettbewerbssituation einschätzbar ist und je deutlicher Wettbewerbsverbote bzw. zulässige Tätigkeiten erfasst werden können, desto geringer ist die Wahrscheinlichkeit für Streit.

Regelt man zum Wettbewerbsverbot nichts, so bleibt es bei den allgemeinen gesellschaftsrechtlichen Grundsätzen, wonach den Gesellschafter ein Schädigungsverbot trifft; der Nachweis ist schwierig und daher sind Ansprüche schwieriger durchsetzbar.

Zudem sind sogenannte nachvertragliche Wettbewerbsverbote nur dann wirksam, wenn sie auch ausdrücklich vereinbart werden. Das bedeutet, ein Wettbewerbsverbot auch für die Zeit nach Ausscheiden aus der Gesellschaft muss ausdrücklich geregelt sein im Gesellschaftsvertrag (oder einer Gesellschaftervereinbarung). Üblicherweise gehen solche nachvertraglichen Wettbewerbsverbote über einen Zeitraum von zwei Jahren nicht hinaus (längere Zeiträume dürften regelmäßig unwirksam sein).

## 4.2.13  Streitbeilegung

Häufig werden Mechanismen zur Schlichtung von Meinungsverschiedenheiten zwischen den Gesellschaftern vereinbart; diese sehen das Hinzuziehen eines weiteren Gremiums (z. B. Beirat) oder externer Berater oder Schlichter oder Mediatoren vor.

## 4.2.14  Beirat, Aufsichtsrat, Investment Committee

Soll die Gesellschaft eines dieser Gremien erhalten, so sind die Rechte und Pflichten sowie die Zusammensetzung und innere Ordnung (Geschäftsordnung) des Gremiums zu regeln. Soll beispielsweise ein Beirat in der Hierarchie zwischen Geschäftsführung und Gesellschafterversammlung installiert werden, ist besonderes Augenmerk auf die jeweiligen Zuständigkeiten und Zustimmungserfordernisse zu legen.

Häufig sind Beiräte jedoch lediglich aus Gründen des Marketing oder der Beziehungspflege installiert; in diesem Fall bedarf es überhaupt keiner Regelung im Gesellschaftsvertrag, da solche Beiräte weder Rechte noch Pflichten innehaben.

## 4.2.15  Verschiedenes

Dies ist der Ort im Gesellschaftsvertrag für Themen, die unter den übrigen Überschriften keine rechte Anknüpfung gefunden haben – so solche im konkreten Fall denn existieren.

## 4.2.16  Schlussbestimmungen

Rechtswahl, Art und Ort der Gerichtsbarkeit (ordentlich oder Schiedsgerichtsbarkeit) im Falle des Streites sowie die sog. salvatorische Klausel finden sich hier. Dabei kann sowohl die Rechtswahl als auch die Frage der Gerichtsbarkeit im Streitfall kostenrelevant sein und sollte daher bei Vertragsschluss besprochen werden. Schiedsgerichte können teurer sein, bieten aber dafür auch Vorteile wie beispielsweise Vertraulichkeit (ordentliche Gerichte verhandeln öffentlich). Verschwiegenheit und Pressemitteilungen werden ebenfalls hier geregelt (soweit erforderlich).

# Übersicht zu Kapital und Haftung

Die nachfolgende Übersicht stellt schematisch die wichtigsten Rechtsformen dar im Vergleich der Kategorien Kapital, Mindesteinzahlung und Haftung sowie Geschäftsführung und Handelsregistereintragung:

Überblick über die Rechtsformen

| | GbR | OHG | KG | GmbH | AG |
|---|---|---|---|---|---|
| Minimum-Gesellschafter | 2 | 2 | 2 (1 haftungs-beschränkt) | 1 | 1 |
| Minimum-Kapital | Keins | Keins | Beachte Kommanditeinlage | € 25.000,00 | € 50.000,00 |
| Minimum-Einzahlung | Keine | Keine | Keine | 25 %, mindestens € 12.500,00 | 25 % |
| Haftung des Gesellschafters | Unbeschränkt | Unbeschränkt | IdR auf Einlage beschränkt | Keine | Keine |
| Geschäftsführung | Alle Gesellschafter | Alle Gesellschafter | Komplementär (phG) | Geschäftsführer | Vorstand |

© Springer Fachmedien Wiesbaden GmbH 2018
C. Engelhardt, *Gesellschaftsrecht*, essentials,
https://doi.org/10.1007/978-3-658-20061-9_5

# Was Sie aus diesem *essential* mitnehmen können

- Wer im Wirtschaftsleben tätig ist, hat zwangsläufig mit unterschiedlichen Gesellschaften (GmbH, AG, BGB-Gesellschaft, Stiftung etc.) zu tun.
- Wer mit Gesellschaften arbeitet (z. B. Verträge schließt), muss wissen, wie diese handeln und wer für die Gesellschaften handelt – sprich: wer die Gesellschaften vertritt.
- Bei Gründung einer Gesellschaft sollte jeder Gesellschafter die Grundzüge des Gesellschaftsrechtes beherrschen, da ein Gesellschaftsverhältnis auf Dauer angelegt ist. Der Gesellschaftsvertrag enthält Regelungen, die auf längere Zeit die Rechte und Pflichten der Gesellschafter untereinander regeln. Daher sollte frühzeitig in der Entwurfsphase überlegt werden, was wie geregelt werden soll.
- Welcher Gesellschafter soll welche Rechte und Pflichten haben? Wer soll was entscheiden dürfen und mit welcher Mehrheit sollen Gesellschafterbeschlüsse gefasst werden? Sollen einem Gesellschafter sog. Veto-Rechte für einzelne Themen zugebilligt werden oder wird alles einstimmig beschlossen?
- Sollen die Gesellschafter einfach wechseln können, wie beispielsweise in börsennotierten Aktiengesellschaften, oder sollen die Anteile nur mit Zustimmung der Gesellschaft oder der Gesellschafter übertragen werden dürfen (sog. Vinkulierung)?
- Wer erhält vom Gewinn der Gesellschaft wann wie viel? Ist die Gesellschaft auf lange Dauer angelegt oder zielen die Gesellschafter womöglich auf einen Verkauf (Exit) ab? Wer erhält im Exit-Fall wann welchen Gewinn (sog. Liquidation Preference)?

© Springer Fachmedien Wiesbaden GmbH 2018
C. Engelhardt, *Gesellschaftsrecht*, essentials,
https://doi.org/10.1007/978-3-658-20061-9

- Sollen Gesellschafter kündigen können oder soll sogar ein Ausschluss aus der Gesellschaft möglich sein? Soll ein Unterschied zwischen sog. good leaver und bad leaver gemacht werden?
- Zusätzlich zu diesen Fragen der inneren Ordnung der Gesellschaft erhält der Leser einen Einblick in die unterschiedlichen Gründungsschritte und Vertretung und Geschäftsführung der jeweiligen Gesellschaftsformen.

# Literatur

Bundesverband Deutscher Stiftungen (2017) Statistiken – Die Dokumentation und Erforschung des Stiftungswesens in Deutschland ist eine wesentliche Aufgabe des Bundesverbandes Deutscher Stiftungen. https://www.stiftungen.org/stiftungen/zahlen-und-daten/statistiken.html. Zugegriffen: 25. Sept. 2017

Engelhardt C (2017) Mergers & Acquisitions: Strategien, Abläufe und Begriffe in Unternehmenskauf. Springer Gabler, Wiesbaden

Engelhardt C, Wagenseil A (2015) Der mittelständische Konzern: Organisation – Recht – Steuern – Rechnungslegung. Schmidt, Berlin

Statistisches Bundesamt (2014) Anzahl der Unternehmen in Deutschland (umsatzsteuerpflichtig). https://www.destatis.de/DE/ZahlenFakten/GesellschaftStaat/OeffentlicheFinanzenSteuern/Steuern/Umsatzsteuer/Tabellen/Voranmeldungen_Rechtsformen.html. Zugegriffen: 25. Sept. 2017

© Springer Fachmedien Wiesbaden GmbH 2018
C. Engelhardt, *Gesellschaftsrecht*, essentials,
https://doi.org/10.1007/978-3-658-20061-9

Printed in the United States
By Bookmasters